NORDEUROPA REISEHANDBUCH NR. 12

STF - Svenska Turistförening
GEBIRGSWANDERN IN SCHWEDEN

NORDIS

Nordeuropa Reisehandbuch 12

Gebirgswandern in Schweden
STF - Svenska Turistförening

Herausgeber: Ulrich Kreuzenbeck
Übersetzung: Birgit Bock
Redaktion: Birgit Bock, Alexander Geh
Produktion: Uwe Marschel
*Umschlagentwurf
und grafische Konzeption:* Ralf Fröhlich
Karten: Olaf Knafla
Satz / Umbruch:
 Birgit Bock, Peter Borgmann
 & Martin Stark-Habla
Druck: Kaufmann-Druck, Essen

Titel der schwed. Originalausgabe:
»STF Fjällhandbok 1988«
ISSN 0284-3323
Copyright 1988 by STF, Stockholm

Copyright der deutschen Ausgabe by
NORDIS Reiseführerverlag

Printed in The Federal Republic of
Germany 5 / 1989

Alle Angaben nach bestem Wissen,
aber ohne Gewähr.

*NORDIS Reiseführerverlag
Christophstraße 18 - 20
4300 Essen 1
Tel. 0201 / 796097*
ISBN 3-88839-078-8

Inhaltsverzeichnis

Einführung 4
Vorwort zur deutschen Ausgabe 5

Allgemeines

Fjäll für alle 6
  Hütten und Wanderwege 6
  Wanderungen mit Führer 7
  Skifahren oder Wandern? 7
Das Wegesystem 8
  Das staatliche Wegesystem 8
  Markierte Wege 8
  Waten 8
  Ruderboote 8
  Kungsleden 9
Übernachtung im Fjäll 11
  STF-Fjällstationen 11
  STF-Fjällhütten 11
  SNV-Hütten 14
  Übernachtungsmöglichkeiten
  im norwegischen Grenzgebiet 15
Ausrüstung und Proviant 16
  Das Gepäck 16
  Kleidung im Sommer 16
  Schuhe 16
  Kleidung im Winter 17
  Ausrüstungsvorschläge 18
  Verleih von Ausrüstung 18
  Proviant 19
  Erste Hilfe - Ausrüstung 20
Karten 22
Wetter, Witterung 24
Mitternachtssonne 26
Samen und Rentierzucht 26
Angeln im Fjäll 28
Kanufahren im Fjäll 29

Schneeskooterfahren im Fjäll 30
Landschaftsübersicht 31

Tourenbeschreibungen

Das Fjäll um Kiruna 32
Padjelanta, Sarek, Stora Sjöfallet .. 44
Das Vindelfjäll 55
Jämtland und
nördliches Härjedalen 59
Härjedalen und
nördliches Dalarna 69
Andere Fjällregionen 74

Unterkunft

Verzeichnis der STF-Jugendherbergen, Hotels und Hütten 82

Sicherheit im Fjäll

Der Fjällsicherheitsrat 93
Der Fjällrettungsdienst 93
Fahrtmitteilungen 93
Nottelefone (Verzeichnis) 93
Rasthütten (Verzeichnis) 95

Anreise

Öffentliche Verkehrsmittel 98
Mit dem Auto 102

Verkehr im Fjäll

Bootsverkehr.................. 104
Flugverkehr................... 105

Geografischer Sprachführer

Samisch - Deutsch 106
Schwedisch - Deutsch 107

Quartierregister 108

Einführung

Das vorliegende Buch ist ein aus dem Schwedischen übersetztes Handbuch über Wanderungen im schwedischen Gebirge - dem »Fjäll«, wie die Skandinavier ihr sehr altes und charakteristisch nordeuropäisches Gebirge bezeichnen. Der Begriff »Fjäll« ist in diesem Buch durchgehend verwendet worden, damit er den Lesern schließlich (selbst-)verständlich ist, wenn sie auf Zusammensetzungen wie »»Fjällstation«, »Fjällkarta«, »Fjällvandring« o.ä. stoßen.

Die deutsche Fassung des vom Schwedischen Touristenverein, STF, herausgegebenen »Fjällhandbok '88« ist weitestgehend dem Originaltext getreu. Lediglich die Stellen, die Nichtschweden mangels Hintergrundinformation kaum verständlich sein dürften, wurden durch Erläuterungen ergänzt. Außerdem wurde der Sprachführer mit geografischen Begriffen auf samisch durch eine entsprechende Liste schwedischer Begriffe erweitert. Dagegen wurden die für Nichtschweden uninteressanten Passagen gestrichen, wie zum Beispiel die Bestimmungen über Hunde im Fjäll, weil es ohnehin verboten ist, Hunde nach Schweden einzuführen. Die ausführlichen Ratschläge zu Ausrüstung und Proviant und die Erläuterungen zum Fjällwetter sind hier bewußt *vor* die Tourenbeschreibungen gesetzt worden. Desgleichen steht das Kapitel über Rentierzucht und die Minorität der Samen im Einleitungsteil, weil Kenntnisse über das Fjäll als Kulturlandschaft für eine Tour genauso elementar sind wie gutes Kartenmaterial und taugliche Ausrüstung.

Neben den Informationen, die dieses Buch vermitteln kann, sollte man, vor allem während und unmittelbar vor der Tour, die zahlreichen, hier auch genannten Möglichkeiten nutzen, aktuelle Information per Telefon abzufragen! Auskünfte über zum Beipiel einen bevorstehenden Schneesturm oder geänderte Abfahrtszeiten einer Fähre könnten existentielle Bedeutung erlangen. Scheu vor Sprachproblemen sollte deswegen zugunsten der eigenen Sicherheit überwunden werden.

Kartenangaben

Kartenangaben beziehen sich entweder auf Blätter der »Fjällkarta«, wenn **BD**, **AC**, **Z** oder **W** angegeben ist, oder auf die speziell nach Läns (Regierungsbezirke) geordneten Topographischen Karten. **T** steht für »Touristkarta« (Esselte Kartor), **N** für die norwegische Kartenserie »Norsk topografisk karta« und **C** für »Cappelen«.

STF - Adressen:

Zentrale:
Svenska Turistförening
Vasagatan 48
Box 25
101 20 Stockholm
Tel. 08 - 79 03 10 0
Best. 08 - 79 03 2 50
Telefax 08 - 20 13 32
Geöffnet:
Mo - Fr 9 - 17 h.
Vor Feiertagen 9 - 13 h.
Samstags geschlossen.

STF - Reisebüro in Stockholm:
STF Resebyrå
Vasagatan 48
Box 25
101 20 Stockholm
Tel. 08 - 79 03 2 00
Fjällinformation 08 - 790 32 40
Geöffnet:
Mo - Fr 9 - 17,
Mai - Juli 9 - 18 h.
Vor Feiertagen 9 - 13 h.
Samstags geschlossen.

Fjäll-Frida

STF hat einen automatischen Telefonanrufbeantworter mit dem Namen »Fjäll-Frida« installiert, der über aktuelle Ereignisse und Wetterverhältnisse im Fjäll Auskunft gibt. Die Nummer lautet:
08 - 10 90 04.

Vorwort zur deutschen Ausgabe

Der Schwedische Touristenverein (Svenska Turistförening, STF) wurde 1885 als eine Folge des erwachten Interesses an Reisen durch das eigene Land gegründet. Die Ursache dafür lag teils in den Möglichkeiten, die das neue Eisenbahnnetz - vor allem in der nördlichen Fjällwelt - eröffnet hatte, teils in den nationalromantischen Strömungen, die diese Periode kennzeichneten.

Unter dem Motto »Lerne Dein Land kennen« bemüht sich der Verein, Wissen über das Land und die Bevölkerung zu vermitteln und die Reisewege durch Schweden zu verbessern und weiter auszubauen. Seit der Gründung hat STF mehrere tausend Bücher vor allem zu Natur und Kultur, aber auch eine große Zahl an Handbüchern, Wegweisern und Karten veröffentlicht. Am bekanntesten ist sicherlich das Jahrbuch, das schon seit 1886 erscheint und nun in einer Auflage von 13 Millionen gedruckt wird.

Der Mangel an geeigneten Übernachtungsmöglichkeiten hat bewirkt, daß STF im Fjäll ein System von Fjällstationen und Fjällhütten aufgebaut hat und betreibt. Auf die gleiche Weise betreibt der Verein Jugendherbergen an beinahe 300 Stellen im ganzen Land. Er ist auch die Organisation, die Schweden international vertritt.

STF ist darüberhinaus Schirmherr für den Wassersport und klassifiziert, kontrolliert und informiert über die Yachthäfen entlang der schwedischen Küsten.

Als eine natürliche Konsequenz des Wunsches, den Erlebnistourismus, der gleichermaßen auf Natur und Kultur beruht, zu fördern, sind Reisebüros mit eigenen Reiseveranstaltungen entwickelt worden.

Hinter der Organisation stehen - wie vor hundert Jahren - die Mitglieder des Vereins. Inzwischen ist er auf eine Stärke von gut 315.000 Mitgliedern angewachsen, die eine stabile Basis bilden, um Natur- und Kulturerlebnisse bei Reisen in Schweden weiterhin im Zentrum stehen zu lassen.

Ingemar Liman
Generalsekretär STF
Januar 1989

Allgemeines

Weise. Aber eine Fjälltour erfordert sowohl Kenntnisse als auch Vorbereitung.

Deswegen möchte STF hiermit eine Einführung in das Fjäll geben und gleichzeitig mehr Interesse wecken.

Viel Vergnügen!

Fjäll für alle

Der Fjälltourismus war das ursprüngliche Betätigungsfeld des STF, und darin lag der direkte Anlaß zur Gründung des Vereins 1885. Auch während der ersten fünfzig Jahre dominierte die Arbeit im Fjäll den STF. Bereits 1890 waren die ersten Hütten gebaut, Wanderwege eingerichtet und - um Touren im Fjäll zusätzlich zu erleichtern - interessante Fjällgebiete kartographiert worden. Unter dem Motto »Lerne Dein Land kennen« arbeitet STF im Fjäll immer noch aktiv für die Sicherheit von Skifahrern und Wanderern, damit Fjälltourismus als aktives Naturerleben erhalten bleibt.

Die Hütten sind weitestgehend von den Geldern errichtet worden, die eine große Zahl von Personen über Jahre als Mitgliedsbeitrag an den STF gezahlt hat. Ein beträchtlicher Teil dieser Mitgliedsbeiträge wird jährlich für die Instandhaltung der Hütten aufgewendet. Die Übernachtungsgebühren allein decken diese Kosten nicht. Während des letzten Jahrzehnts - eine kurze Zeitspanne in der Geschichte des Engagements des STF im Fjäll - haben Staat und öffentliche Hand verschiedentlich Beiträge für weitere Hütten geleistet. Bestimmte Investitionen hat STF jedoch aus eigenen Mitteln getätigt, desgleichen ist STF verantwortlich für sämtliche Einrichtungs- und Instandhaltungskosten. Wenn STF Antrag auf öffentliche Gelder stellt, ist die Begründung für das Engagement im Fjäll immer noch dieselbe wie früher: Skifahren und Wandern im Fjäll zu erleichtern.

Immer mehr Menschen fahren ins Fjäll. Das ausgedehnte Wege- und Hüttensystem ermöglicht den meisten Menschen eine sinnvolle Erholung auf einfache und bequeme

Hütten und Wanderwege

Die Abstände zwischen den Hütten variieren zwischen 7 und 25 km. In Jämtland, Härjedalen und Dalarna sind die Abstände in der Regel etwas kürzer als im Lapplandfjäll. Nahezu alle Hütten liegen an markierten Wanderwegen. Man sollte davon ausgehen, daß pro Stunde 3-4 km zurückgelegt werden. Man muß also damit rechnen, Tagesetappen von 8 Stunden Länge durchstehen zu müssen. Pausen sind da schon eingerechnet.

Eine angenehme Form der Fjällwanderung ist es, von einer Fjällhütte als Basis Tagesausflüge zu unternehmen. Der hohe Standard der Hütten und der Verkauf von Proviant in einigen von ihnen ermöglicht leichtes Gepäck selbst auf langen Touren. Auf S. 12/19 ist angegeben, welche Hütten Proviant verkaufen und woraus das Angebot besteht.

Bleibt man auf den größeren markierten Wanderwegen, braucht man sich keine Gedanken über Furten und unüberwindbare Hindernisse zu machen. An den Stellen, wo größere Wasserläufe den Weg kreuzen, gibt es immer Brücken oder Boote.

Ungeachtet ob man sich im Winter oder im Sommer auf Tour begibt, immer ist es ratsam, die Tour sorgfältig zu planen und sich über das Gebiet, in das man möchte, zu informieren. STF informiert u.a. in den Fjällstationen. Die Wirte der STF-Fjällhütten geben bereitwillig Auskunft über Hütten, Wege u.ä.

Eine mehrtägige Tour im Winter stellt hohe Anforderungen sowohl an Kondition, Kenntnisse und Urteilsvermögen wie an die Ausrüstung. Grundsätzlich gilt jedoch, daß man die Bedingungen, die Wetter und Fjäll schaffen, akzeptieren muß.

Wenn man an seinen persönlichen Fjällkenntnissen zweifelt, dann sollte man mit einer Tagestour von einer Fjällstation, einem Hotel oder einer Hütte aus anfangen. Man kann auch STF-Fjällkurse - sommers wie winters - buchen oder an STF-Touren mit Führer teilnehmen.

Wanderungen mit Führer

Während der Saison stehen den Gästen der STF-Fjällstationen Fjällführer zur Verfügung, die Tagestouren zu botanisch interessanten Plätzen, Höhlen, Denkmälern und anderen Sehenswürdigkeiten der Umgebung organisieren.

Es gibt auch Möglichkeiten, an STF-Wochentouren mit Führer teilzunehmen. Sowohl im Winter wie im Sommer werden etwa fünfzehn Touren verschiedener Schwierigkeitsgrade arrangiert; für Anfänger und fortgeschrittene Wanderer und Skifahrer. Die Gruppe wohnt in einer Fjällstation, Hütte oder im Zelt. Unterkunft, Verpflegung und Führung sind in dem Wanderpauschalangebot inbegriffen. »Der Kungsleden zwischen Abisko und Kebnekaise«, »Iglutour im Sarek«, »Rund um das Sylarnamassiv«, »Kurzferien im Jämtlandsfjäll« sind Beispiele für Wintertouren. Im Sommer wird u.a. »Kungsleden von Kvikkjokk bis Saltoloukta«, »Kungsleden zwischen Ammarnäs und Hemavan«, »Herbstwanderung im farbenprächtigen Abisko« arrangiert. Im Winter werden sogar Touren mit dem Hundeschlitten und im Sommer zu Pferd angeboten.

Denjenigen, die noch mehr über Natur, Flora und Fauna des Fjälls lernen wollen, bietet STF verschiedene Kurse an. Außerdem werden Kurse veranstaltet in Bergsteigen, Gletscherwandern, Iglu- und Schneebiwakbauen sowie Haute Route-Skifahren. Information über Touren und Kurse findet man im STF-Reisekatalog (über die STF-Reisebüros zu beziehen, Adressen s.S.4).

Skifahren oder Wandern?

Die optimalen Zeiten für Fjälltouren sind in den verschiedenen Gebieten unterschiedlich.

Im Winter sind März und April die besten Skimonate in Lappland. In Jämtland, Härjedalen und Dalarna ist schon Anfang Februar Saison, sie endet aber auch früher als weiter im Norden. Der Mai ist als Skimonat allzu unbekannt. Natürlich muß man sich dann zu den höher gelegenen Gebieten, z.B. um das Sylarnamassiv in Jämtland begeben. Diese Jahreszeit lädt aber ein zu Helligkeit rund um die Uhr, Wärme und Skierlebnissen der Spitzenklasse.

Im Sommer fängt das Fjällwandern im allgemeinen um Mittsommer (21. Juni) an. Aber schon Anfang Juni kann man kürzere Touren in Jämtland und Dalarna unternehmen. Mai und Juni sind die Monate mit der intensivsten Schneeschmelze. Die Erde ist durchweicht, und man kommt schwer vorwärts. Mittsommer bis Anfang September ist die beste Zeit zum Wandern. Anfang Juli ist die intensivste Blütezeit. Will man soviel wie möglich vom Vogelleben im Fjäll mitbekommen, dann sollte man um den Monatswechsel Juni/Juli wandern. Die letzten Tage im August und der ganze September bieten prachtvolle Herbstfarben, hohen Himmel und klare Luft.

Mitte Juli bis Mitte August bevölkern Scharen von Wanderern die Wege. Wenn man es vermeiden kann, sollte man seine Wanderung möglichst nicht an einem Samstag oder Sonntag an einem der größeren Ausgangspunkte beginnen. Dann ist die Chance, dem Gedränge auf den Wegen und in den Hütten zu entgehen, größer. Ein anderer Tip wäre, am Anfang oder Ende der Saison zu wandern.

Das Wegesystem

Das staatliche Wegesystem

Das Staatliche Naturschutzamt (Statens Naturvårdsverk, SNV) ist der Träger der meisten Wegesysteme im Fjäll. SNV ist verantwortlich für ein Wegenetz von nahezu 5.500 Kilometer Länge. Dieses System wird als staatliches Wegesystem bezeichnet.

Die Verantwortlichkeit des SNV liegt vor allem in Organisation und Planung, besteht aber auch in der Verteilung staatlicher Mittel für das Betreiben, die Instandhaltung und die Erweiterung des Wegesystems. Die Bezirksverwaltungen (länsstyrelsen) von Norrbotten, Västerbotten, Jämtland und Kopparberg sind jedoch für die direkte Bewirtschaftung der Wege verantwortlich.

Das staatliche Wegesystem umfaßt neben den eigentlichen Wegen auch Brücken, Rasthütten und Ruderboote. Die folgende Tabelle zeigt, was das staatliche Wegesystem in den einzelnen Läns (Regierungsbezirken) beinhaltet.

1 = Weglänge insgesamt in km
2 = Rasthütten
3 = Brücken

Län	1	2	3
Kopparbergs Län	250	14	12
Jämtlands Län	1940	35	74
Västerbottens Län	1020	5	108
Norrbottens Län	2250	30	210
Total	5460	84	404

Das staatliche Wegesystem wird ergänzt durch ein relativ umfangreiches Wegenetz von etwa 2.500 Kilometer Länge, das von Gemeinden und Organisationen u.a. betrieben wird.

Markierte Wege

Im Fjäll sind die Wanderwege alle 40 Meter mit Pfählen markiert, die oben mit einem Kreuz, dem sog. Wegekreuz, versehen sind (»ledstjärnor«). Das Kreuz steht in rechtem Winkel zum Weg. Die Stelle, an der der Weg die Richtung ändert, ist mit zwei Kreuzen an einem Pfahl markiert, so daß jeweils eines rechtwinklig zu einer der beiden Richtungen des Weges steht. Sommerwege sind hauptsächlich als ausgetrampelte Pfade sichtbar, mit Steinhaufen oder angemalten Pfählen an schwerer auszumachenden Passagen. Über kleinere Wasserläufe führen meistens Brücken.

Waten

An bestimmten Wasserläufen gibt es weder Brücken noch Ruderboote, so daß man gezwungen ist, zu waten. Auf stärker frequentierten Wanderwegen sind die Watstellen meistens markiert. Ist das nicht der Fall, muß man sich selbst die beste Watstelle suchen, d.h. die Stelle, an der der Wasserlauf breiter wird.

Man sollte immer schräg gegen die Strömung gehen und sich stromaufwärts auf einen Stock stützen. Bei schmaleren Furten kann man als Sicherung für die Wanderer ein Seil quer über den Bach spannen.

Nie darf man zu zweit Hand in Hand waten. Jeder muß für sich allein gehen! Ebenso niemals barfuß waten! Es ist ratsam, die Strümpfe auszuziehen, damit sie trocken sind, wenn man am anderen Ufer ankommt.

Warnung: Wenn das fließende Wasser über die Knie reicht, ist es riskant zu waten. Dann ist es klüger, auf niedrigeres Wasser zu warten. Gewöhnlich senkt sich der Wasserpegel in der Nacht und am frühen Morgen.

Ruderboote

Dort, wo Wege von größeren Wasserläufen oder Seen gekreuzt werden, stehen vielerorts Ruderboote zur Verfügung. Eines an jedem Ufer. Auf der Wanderkarte »Nya Fjällkarta« sind die Boote verzeichnet. Es ist Pflicht eines jeden Bootsbenutzers, das Boot wieder an seinen Platz zurückzubringen. Die Fahrt übers Wasser muß also dreimal gemacht werden! Zuerst rudert man an das andere Ufer, um von dort ein Boot zu holen. Mit zweien kehrt man also an den Ausgangspunkt zurück, zieht das erste Boot auf den Strand und vertäut es wieder ordentlich. Schließlich setzt man mit dem anderen Boot über. Auf stärker frequentierten Wegen liegen oft drei Boote an Übergangsstellen, was dem Wanderer manchmal viel Rudern erspart. Man sollte berücksichtigen, daß diese Boote wirklich nur zum Übersetzen benutzt werden sollen. Nach der Überfahrt muß das Boot wieder ordentlich festgemacht werden, damit es bei geändertem Pegel nicht abgetrieben wird.

Niemand darf von Bootsbenutzern Leihgebühr einfordern.

An folgenden Stellen gibt es Boote:
Laitaure BD 10, 27 H. Am Kungsleden, 3 Boote, mindestens eines an jedem Ufer.
Sitojaure (Kåbtåjaure) BD 10. Am Kungsleden, 3 Boote, mindestens eines an jedem Ufer.
Teusajaure BD 8. Am Kungsleden, 3 Boote, mindestens eines an jedem Ufer.
Nach dem 20. September sind die Boote aufgeholt, winterfest gemacht und abgesperrt.

Kungsleden

Kungsleden (Königspfad) ist der allgemein übliche Name für die 450 km lange Strecke zwischen Abisko und Hemavan. Er ist der bekannteste schwedische Wanderweg, sowohl innerhalb Schwedens wie im Ausland.

Man kann davon ausgehen, daß im Laufe eines Jahres ca. 15.000 Personen auf Skiern oder zu Fuß die am stärksten frequentierten Abschnitte des Weges passieren: Fjällwanderer aus Schweden, aber auch aus so weit entfernten Ländern wie Indien und Neuseeland.

Der Kungsleden ist ein markierter Weg. Die Sommerwege sind mit Steinpyramiden und angemalten Pfählen (oder Bäumen in Waldgebieten) markiert. Die Winterwege sind mit sog. Wegesternen (ledstjärnor) gekennzeichnet, das sind Pfähle mit roten Kreuzen an der Spitze, die in Abständen von 40 Metern am Weg stehen. Die Markierung der Winterwege ist nicht ganz vollständig.

Zum größten Teil ist der Weg flankiert von STF-Fjällhütten, die in 10 bis 25 km Entfernung voneinander liegen.

Der Kungsleden passiert Waldgebiete. Überwiegend führt er jedoch über Fjällheide und durch große Täler, die die Orientierung erleichtern, wie zum Beispiel das mächtige Tjäktjavagge, von dessen nördlichem Paß man eine kilometerweite Aussicht bis Alesjaure im Norden und Sälka im Süden hat. Die Pfade sind leicht zu gehen und führen nur vereinzelt über grobfelsiges Terrain. Als Wanderweg ist er sowohl für Leute, die zum ersten Mal eine längere Gebirgswanderung unternehmen, geeignet als auch für erfahrenere Wanderer. Blumenenthusiasten und Gipfelstürmer können von den STF-Fjällhütten aus ihre Wanderung über den Kungsleden durch Tagesausflüge abseits des Weges bereichern.

Die am stärksten frequentierten Strecken sind Abisko - Saltoluokta und Saltuluokta - Kvikkjokk. In der Woche jeweils vor und nach Ostern, in den beiden letzten Juliwochen und in den ersten zwei Wochen im August sind die meisten Skifahrer bzw. Wanderer unterwegs. Es sollte erwähnt werden, daß die meisten Wanderer ihre Tour samstags oder sonntags anfangen. Diejenigen, die mehr Einsamkeit suchen, sollten ihre Tour auf andere Zeiträume verlegen.

In seinem nördlichsten Teil wird der Kungsleden vom hochalpinen Fjäll des Kebnekaisemassivs geprägt. Weiter südlich führt der Weg am Rand des Sarek entlang und - zwischen Baum- und Schneegrenze - über ausgedehnte Hochebenen mit atemberaubender Aussicht. In den am weitesten im Süden gelegenen Partien nimmt der alpine Charakter wieder zu.

Am Anfang in Abisko führt der Weg durch Fjällbirkenwald und im Abisko Nationalpark, wo die erste Hütte, Abiskojaure, liegt, über Wiesen mit hochwachsenden Kräutern. Danach, oberhalb der Baumgrenze, überwiegen Heide und kahles Gebirge. In den Hütten von Alesjaure, Sälka und Kaitum wird Proviant verkauft. Am Tjäktapass, 1.150 m ü.d.M., erreicht der Kungsleden seinen höchsten Punkt. Der Weg berührt hier das Kebnekaisemassiv mit Gipfeln zwischen 1.700 und 1.900 m, wo die

Das Wegesystem

Vegetation von Moosen und Flechten neben einer geringen Zahl von Gefäßpflanzen dominiert wird.

Eine Tagestour auf Schwedens höchsten Gipfel, die Südspitze des Kebnekaise mit 2.117 m ü.d.M., ist von den Hütten Sälka und Singis möglich.

Das Gelände wird hügeliger bei den Hütten in Kaitum, Teusa und Vakkotavare. Diese Hütten liegen an Seen mitten im Fjäll. Es ähnelt einer Fjordlandschaft mit steilen, hoch aufragenden Gebirgswänden. Von den Höhen sieht man mehrere der höchsten Gipfel Schwedens: Kebnekaises weißes Dreieck im Norden, das hohe Massiv des Sarek und den mächtigen Akka im Süden. Am See Teusajaure ist man zum ersten Mal gezwungen, zu rudern. Zeitweise ist eine Motorbootfähre in Betrieb (genaueres dazu siehe »Verkehr im Fjäll«).

Von der Vakkotavarehütte bestehen im Sommer täglich Busverbindungen nach Gällivare und Ritsem. Von Vakkotavare zur Saltoluokta Fjällstation, wo der Kungsleden weiter geht, gelangt man per Bus bis Kebnats und weiter mit dem STF-Boot über den See Langas. Im Winter sollte man besonders vorsichtig sein bei der Überquerung des Sees Langas, weil Wasserstandsregulierungen und starke Strömung das Eis verräterisch machen!

Bei Saltoluokta verläßt der Kungsleden das Hochgebirge, um über die Heidegebiete bei Ultevis zum Autsutjvagge und dessen tiefen Canon mit interessantem Pflanzenbewuchs zu führen. Der Kungsleden verläuft hier durch ein Randgebiet des Sarek Nationalpark. Von der STF-Hütte in Aktse, wo man seinen Proviant erneuern kann, führt ein markierter Weg zum Gipfel des Skierfes (1.179 m ü.d.M.), wo man eines der schönsten Panoramen Schwedens vor sich hat: Man blickt weit über das Rapatal bis in den Sarek hinein. Hinter Aktse und der Bootsfahrt über den See Laidaure verläuft der Kungsleden meistens durch dichten Fichtenwald, an den Pårtehütten vorbei und erreicht nach insgesamt 73 km bald darauf das Kirchdorf Kvikkjokk.

Von Kvikkjokk geht ein Bus nach Jokkmokk und Murjek. Auf einer Länge von 175 km zwischen Kvikkjokk und Ammarnäs führt der Kungsleden abwechselnd über kahles Gebirgsterrain und durch Waldlandschaft. Es gibt viele kleine Seen, und an verschiedenen Stellen kreuzt der Weg Wasserläufe, über die man rudern muß. Über die größeren Seen Sagat, Tjeggelvas und Riebnes muß man sich von einem Motorboot übersetzen lassen. An dieser Teilstrecke des Kungsleden liegen keine Hütten, bis auf die einzige im Pieljekaise Nationalpark, durch den der Weg verläuft. Bei Jäkkvikk und Adolfström kreuzt der Weg Überlandstraßen und passiert einige Fjällhöfe, wo sich sicherlich eine Übernachtungsmöglichkeit und ein Bootstransport organisieren lassen. Ansonsten muß der Wanderer sich selbst um einen Schlafplatz kümmern.

Zwischen Ammarnäs und Hemavan, 78 km, liegen 5 STF-Fjällhütten: Aigert, Servejokk, Tärnasjö, Syter und Viterskalet. Das Gelände ist äußerst leicht zu begehen und eignet sich gut für kurze Fjällwanderungen. Das letzte Teilstück des Weges, vor Hemavan, führt über ein kleines Hochgebirgsgelände, Norra Storfallet und Vindelfjällens Naturreservat, wo die beiden letzten Hütten, Syter und Viterskalet, liegen.

Von Ammarnäs bestehen Busverbindungen nach Sorsele. Von Hemavan fahren Busse nach Storuman.

Folgende Karten decken das Kungsledengebiet von Abisko bis Hemavan ab:
Fjällkarta BD 6, 8 und 10, 27H, 26H, 25G, AC 2.

Übernachtung

In diesem Buch haben wir die schwedische Gebirgskette in verschiedene Gebiete vom Kirunafjäll im Norden bis zum Fjäll in Dalarna im Süden eingeteilt. In jedem Kapitel sind die Fjällstationen und Hütten, die es in dem jeweiligen Gebiet gibt, aufgelistet. Daran schließt sich ein Verzeichnis der STF-Jugendherbergen und anderer Übernachtungsmöglichkeiten in der Region an. Nach jedem abgesetzten Namen im Verzeichnis ist angegeben, auf welchem Blatt der Landkarte (Fjällkarta) die Anlage zu finden ist.

STF - Fjällstationen

In verschiedenen Fjällgebieten zwischen Grövelsjön im Süden und Abisko und Kebnekaise hoch im Norden liegen STF-Fjällstationen. Sie sind die Ausgangspunkte für Wanderungen und Skifahrten in die verschiedenen Regionen des schwedischen und norwegischen Fjälls. Entsprechend viele Wege- und Hüttensysteme gibt es. Fjällstationen sind hauptsächlich für Aktivurlauber auf Tour eingerichtet, eignen sich aber auch für längerfristige Aufenthalte an einem Ort. Gäste, die mehrere Tage bleiben wollen, sind willkommen.

Die Anlagen unterscheiden sich stark in Größe und angebotenem Komfort. Viele sind einfach, robust und auf Selbstversorger eingestellt. Die meisten Fjällstationen bieten jedoch Mahlzeiten an und einige haben sogar Ausschanklizenzen für Bier und Wein.

Die Zimmer sind in der Regel mit zwei oder vier Betten und warmem Wasser ausgestattet. WC und Dusche auf dem Flur. Es gibt auch Schlafsäle und Zimmer ohne fließendes Wasser. Die Benutzung eines Bettuches ist im Übernachtungspreis nicht inbegriffen. Die Gäste sollten ein eigenes Bettuch oder den Schlafsack benutzen oder vor Ort eines leihen oder kaufen. Bei mehrtägigem Aufenthalt werden die Zimmer nicht täglich gereinigt.

Mitgliedern des STF und des Internationalen Jugendherbergswerks IYH wird bei den Übernachtungs- und Pensionspreisen Ermässigung gewährt.

Die Dauer der Saison variiert zwischen den unterschiedlichen Fjällgebieten. In Grövelsjön beginnt die Wintersaison schon an Neujahr, in den übrigen Anlagen Ende Februar. Die Wintersaison erstreckt sich in der Regel bis in die erste Maiwoche. Die Sommersaison dauert von Mittsommer bis Mitte September, in Abisko und Grövelsjön bis Ende September.

Einen sogenannten **Sicherheitsraum** haben die Fjällstationen, die nicht an das Straßennetz angebunden sind. Dieser Raum ist immer offen und soll in Not Geratenen bei schlechtem Wetter Schutz bieten, nicht jedoch dem Tourismus dienen.

Die Fjällstationen Abisko, Blåhammaren, Grövelsjön, Kebnekaise, Storulvån und Sylarna sind im Winter geöffnet. Im Sommer kommen Kvikkjokk und Saltoluokta hinzu.

Wer auf dem Gelände einer STF-Fjällstationen zelten möchte, muß eine Gebühr entrichten, die zur Benutzung der sanitären Einrichtungen und des Gesellschaftsraums berechtigt.

STF - Fjällhütten

STF hat seit gut hundert Jahren Wanderwege markiert, Brücken gebaut, Rasthütten, Hütten und Fjällstationen errichtet, um Touren im Fjäll zu ermöglichen und das aktive Naturerleben zu fördern. Heute hat STF gut 90 Hütten und Rasthütten an etwa 50 Stellen im Fjäll. Die Hütten des Staatlichen Naturschutzamtes (Statens naturvårdsverk, SNV) werden im Prinzip aus denselben Motiven betrieben wie STF-Hütten.

Die verschiedenen Typen und Größen der Hütten richten sich nach der Lage und der Besucherzahl. Die größten Hüttenanlagen haben bis zu 80 Betten. In den meisten Hütten befinden sich eine abgetrennte Küche, ein Aufenthaltsraum und ein Trockenraum. Die Hütten sind mit breiten Betten, die zwei Personen Platz bieten, Matratzen, Decken und Kochgeschirr ausgestattet. Die

Besucher müssen Besteck, Handtücher, Toilettenpapier und Kerzen (die Hütten sind nicht elektrifiziert) selbst mitbringen. Die Hütten verfügen über Herd und Kamin für Holz oder Flaschengas. Während der Saison, wenn ein Hüttenwirt anwesend ist, versorgt STF die Hütten mit Flaschengas. Genaueres bei den Einzelbeschreibungen der Hütten (siehe Quartierregister).

Ein **Sicherheitsraum** ist immer offen. Dieser Raum ist für in Not Geratene bei schlechtem Wetter vorgesehen und soll außerhalb der Saison nicht dem Tourismus dienen. Einen Sicherheitsraum haben auch die nicht an das Straßennetz angeschlossenen Fjällstationen. Bei Fjälltouren außerhalb der Saison muß der Wanderer sich mit den einfachen Einrichtungen begnügen, die die Sicherheitsräume bieten.

Hüttenwirte

Um die Hütten zu beaufsichtigen, Besuchern zu helfen und Übernachtungs-, Zelt- und Tagesaufenthaltsgebühren einzunehmen, hat STF die meisten Hütten während der Winter- und Sommersaison mit Hüttenwirten besetzt. Die Hütten sind für Selbstversorger angelegt. Hüttenwirte sind jedoch behilflich beim Zurechtfinden in der Hütte: wo Holz liegt, wo Wasser und Toiletten sind usw. Sie können auch Auskunft über die Geländeverhältnisse, das Wetter etc. geben.

Proviantverkauf

In allen STF-Fjällstationen wird Proviant verkauft. Außerdem in den STF-Hütten von Aktse, Alesjaure, Helags, Ritsem, Sälka und Tärnasjö. Während des Sommers ebenfalls in Kaitumjaure und Sämmarlappa.

Was beim Aufenthalt in Hütten zu beachten ist

STF-Fjällstationen sind einzig aus dem Grund entstanden, Ski- und Wandertouren in der Fjällwelt zu erleichtern. Ihre Standorte, Ausstattung und Service ermöglichen Touren mit leichtem Gepäck und somit Erholung, Erlebnisse und Eindrücke, die Aufenthalte im Fjäll unvergessen machen.

Die Hütten sind für Selbstversorger eingerichtet. Die Besucher müssen selbst Feuer machen, spülen, aufräumen, Holz hacken, Wasser holen und ähnliches.

Bei der Ankunft in der Hütte sollte man:

- sich in das Gästebuch eintragen.
- vorsichtig mit dem Feuer umgehen, sparsam mit Brennstoff sein und mit der Einrichtung achtsam umgehen.
- Neuhinzugekommenen die Plätze überlassen, wenn die Hütte voll belegt ist und man selbst schon eine Nacht dort verbracht hat.
- andere nicht durch Rauchen belästigen.

Beim Verlassen der Hütte sollte man:

- Decken ausschütteln, falten und ans Fußende der Betten legen.
- Küchenutensilien spülen, Stühle und Bänke abwischen.
- Spülschüsseln in die Sickergrube leeren und säubern.
- Holz hacken und neue Scheite hereinholen, wenn man Feuer gemacht hatte.
- Abfälle auf den dafür vorgesehenen Abfallhaufen werfen.
- den Boden kehren oder feucht aufwischen.
- darauf achten, daß Fenster und Türen fest verschlossen sind, wenn man als letzter die Hütte verläßt.

STF ist daran interessiert, Meinungen über die STF-Tätigkeit im Fjäll zu erfahren. Besonders eventuelle Schäden an Gebäuden oder am Inventar sollte man STF melden.

Gebühren (in Skr)

Übernachtung in einer Hütte
   im Winter 85,-/Tag
   im Sommer 75,-/Tag
Rabatt
   für STF- und IYH- Mitglieder 20,-/Tag
   für Kinder bis 15 Jahre 30,-/Tag

Die Gebühren gelten auch für Schlafplätze auf Bänken oder dem Boden.
In Helags und Ritsem sind die Gebühren für Übernachtung etwas höher als in den übrigen STF-Hütten.

Tagesgebühr
in Hütten und Rasthütten 10,-
Kinder bis 15 Jahre .... frei
Zelten auf STF-Gelände
STF-/IYH-Mitglieder 20,-/Tag
Nichtmitglieder 30,-/Tag
Kinder bis 15 Jahre .... frei
Bei Übernachtungen in Rasthütten gelten die gleichen Gebühren wie für Camper.

Tages- und Servicegebühren für Camper berechtigen zur Benutzung von Küche, Aufenthaltsraum, Trockenraum, Toiletten und Mülltonnen, nicht jedoch zum Benutzen eines Bettes. Eine Tagesgebühr muß man für einen Aufenthalt bis zu 3 Stunden zwischen 7 und 21 Uhr entrichten. Wer den ganzen Tag bleibt, muß den Übernachtungstarif bezahlen. Camper dürfen die Serviceeinrichtungen der Hütte zwischen 7 und 21 Uhr, maximal 3 Stunden am Ankunftstag und 3 Stunden am Tag darauf benutzen.

Hütten-Schecks

STF-Hütten-Schecks geben Rabatt auf Übernachtungen in STF-Fjällhütten und gelten auch als Teilzahlung in STF-Fjällstationen, in den Hütten des Staatlichen Naturschutzamtes in Padjelanta und im »Friluftsmagasinet«. Die Hütten-Schecks werden in Zehnerblocks für 490,- Kronen verkauft. Eventuelle Extragebühren in der Wintersaison und für Nichtmitglieder werden direkt beim Hüttenwirt entrichtet. Eine geringe zusätzliche Gebühr kommt bei allen Übernachtungen in Hütten des Staatlichen Naturschutzamtes hinzu.

Die Schecks können auch als Zahlungsmittel im Wert von 49,- Kronen beim Einkauf von Proviant in den STF-Läden benutzt werden.

Sie können beim STF in Stockholm, Malmö, Göteborg bestellt und gekauft werden, während der Saison auch in den Fjällstationen.

Zahlungsweise

Übernachtungs- und Aufenthaltsgebühren müssen direkt beim Hüttenwirt oder dem Vorsteher der Anlage gezahlt werden.

Bezahlt man die Übernachtung nicht gleich beim Besuch, wird bei der In-Rechnung-Stellung eine Bearbeitungsgebühr von 25,- Kronen erhoben. Für Aufenthalte in Hütten und Schutzhütten ohne Wirt muß die Gebühr umgehend auf das Postgirokonto des STF (Nr. 517-3) überwiesen oder an der nächsten bewirtschafteten STF-Anlage, zu der man kommt, bezahlt werden. Ein Versäumen der Bezahlung kann angezeigt werden. Auf dem Einzahlungsschein müssen der Name der Hütte, das Datum und die Zahl der Übernachtungen angegeben werden.

Gruppen

Größere Gruppen und Schulklassen sollten möglichst nicht in der Hauptsaison auf Fjälltour gehen, da die Hütten dann leicht überbelegt werden. Eine Gruppe sollte nicht mehr als 15 Personen umfassen. Nach dem Ende der Saison sind nur noch die Sicherheitsräume mit Platz für fünf bis zehn Personen offen. STF verleiht keine Schlüssel zu den Hütten.

STF hat hohe Kosten und viel Arbeit in den Bau, den Unterhalt und die Instandhaltung der Hütten investiert. Deswegen hofft STF, daß

- jeder Besucher, der die Anlagen auf seiner Fjälltour nutzt, auch Freude daran hat.
- alle Besucher aufeinander Rücksicht nehmen.
- alle die Gebühren den Bestimmungen entsprechend bezahlen, damit STF die Einrichtungen für Fjällreisende auch in Zukunft unterhalten und verbessern kann.

STF - Mitgliedsausweis

Der STF-Mitgliedsausweis ist gültig, wenn der Einzahlungsbeleg für den Jahresmitgliedsbeitrag beiliegt (entweder Post- oder Bankbeleg, der Einzahlungsbeleg für das Jahrbuch oder ein Stempel mit der Aufschrift »Årsavgiften betald genom STF's ombud«). Wenn man den Mitgliedsausweis vergessen hat, kann man, um den Mitgliedsrabatt doch auszunutzen, einen neuen Ausweis kaufen. Das Geld wird erstattet, wenn man den Ausweis später unter Angabe der alten Ausweisnummer an STF zurückschickt. Bearbeitungsgebühr 10,- Kronen.

Mitgliedsrabatt erhalten auch diejenigen, die einen gültigen Ausweis der folgenden Organisationen vorweisen können: Den Norske Turistforening, Finlands Turistförbund, Ferdafélag Islands und **International Youth Hostel Federation** (IYHF, Internationaler Jugendherbergsverband).

SNV - Hütten

Für die Hütten des **Staatlichen Naturschutzamtes** (SNV) im Naturpark Padjelanta gilt folgendes:

Besitzer der Hütten ist das Staatliche Naturschutzamt (Statens naturvårdsverk, SNV). Die Übernachtungsgebühr beträgt 60,- Kronen, ob man STF-Mitglied ist oder nicht. Kinder bis 15 Jahre 30,- Kronen. Tagesgebühr (berechtigt nicht zur Benutzung eines Bettes) 10,- Kronen. Die Übernachtungsgebühr für die Hütten gilt auch für Schlafplätze auf Bänken oder dem Boden. Die Bezahlung geschieht bar an den Hüttenwirt gegen Quittung oder im Ausnahmefall per Überweisung auf Postkonto Nr. 15612-5, Statens naturvårdsverk, SNV. Einzahlungsvordrucke liegen in den Hütten aus. Name der Hütte, Datum und Zahl der Übernachtungen sollen angegeben werden.

In SNV-Hütten gelten im übrigen dieselben Bestimmungen wie in STF-Hütten bezüglich Inventar, Ausrüstung und allgemeinen Regeln. Alle Hütten sind mit Flaschengasöfen und -heizungen ausgestattet.

Übernachtungsmöglichkeiten im norwegischen Grenzgebiet

Die **Hütten** sind immer verschlossen. Die Schlüssel werden, wenn nicht anders angegeben, vom lokalen Touristenbüro, das die Hütten verwaltet, ausgehändigt. Sie müssen an der Ausgabestelle auch wieder zurückgegeben werden. Die Hütten in Sylene haben einen gemeinsamen Schlüssel.

Jugendherbergsschlafsack oder Schlafsack muß mitgebracht werden. Die nötigen Utensilien für Selbstversorger und Brennstoff sind in der Regel vorhanden. Das Geld für Übernachtung, Brennstoff und Proviant wird in die Kassendose in der Hütte gesteckt. Die Preise sind in jeder Hütte angegeben.

In den **Fjällstationen**, bewirtschafteten Hütten, werden während der Saison in der Regel Mahlzeiten serviert. Proviantverkauf nicht an allen Fjällstationen.

Im folgenden eine Liste der Besitzer der norwegischen Hütten mit Abkürzungen:

DNT - Den Norske Turistforening,
 Boks 1963 Vika, N-0125 Oslo 1.
 Tel. 02-418021.
 Besucheradresse: Stortingsgaten 28

B - Bodø og Omegns Turistforening,
 Storgaten 30, Boks 54,
 N-8001 Bodø.
 Tel. 081-25095.

N - Narvik og Omegns Turistforening,
 Postboks 615, N-8501 Narvik.
 Die Schlüssel können bei Narviks Feuerwache (Narviks brandstation) abgeholt oder per Post bei **N** bestellt werden.

S - Sulitjelma Turistforening,
 N-8230 Sulitjelma.
 Tel. 081-40500 und 40401.

RT - Rana Turistforening,
 Postboks 245, N-8601 Mo i Rana.
 Schlüssel sind im Touristenbüro erhältlich:
 Rana Turistkontor, Boks 225,
 N-8601 Mo i Rana.
 Tel. 087-50421.

TT - Troms Turlag, Postboks 284,
 N-9001 Tromsø,
 Tel. 083-85175
 (Samstag - Dienstag 10-14 Uhr).
 Man zahlt in die Kasse in der Hütte selbst oder dort, wo der Schlüssel geliehen wurde. TT hat ein Postkonto mit der Nummer 5886288.
 In TT-Hütten gibt es keine Vorräte oder Verproviantierungsmöglichkeiten.

T - Trondhjems Turistforening,
 Hans Hagerupsgaten 1,
 Postboks 4366, (Leüthenhaven, Busbahnhof), N-7001 Trondheim,
 Tel. 07-510061.
 Postkonto Nr. 5871272.

Beschreibungen der bewirtschafteten und unbewirtschafteten Hütten im norwegischen Fjällgebiet sind in den jeweiligen Gebietsbeschreibungen zu finden.

Ausrüstung und Proviant

Das Gepäck

Die gesamte Ausrüstung für eine Fjälltour muß man selbst tragen. Das bedeutet, daß man sorgfältig überlegen muß, welche Ausrüstung benötigt wird. Die Art der geplanten Tour, ob zum Beispiel Hüttenwanderung oder Tour mit dem Zelt, bestimmt die notwendige Ausrüstung. Man sollte das Gepäck nicht zum Alpdruck werden lassen! Also keine Sachen »mal eben so« einpakken. Ehe man die Ausrüstungsliste zusammenstellt, muß man überlegen, welche Dinge in welchen Situationen gebraucht werden, daraufhin die Liste noch einmal überprüfen und die eigenen Anforderungen mit dem Inhalt vergleichen. Den Zustand der Ausrüstung sollte man besonders gründlich überprüfen. Wird sie die ganze Tour über halten? Vor der Fjälltour sollte man zu Hause alle Teile noch einmal ausprobieren.

Der Rucksack und das Packen sind besonders wichtig. Ein Rucksack für lange Touren sollte 50 - 70 Liter fassen. Er sollte hoch reichen und oben breiter sein als unten. Seitentaschen sind sehr nützlich. Ein breiter Hüftgurt ist unerläßlich, um die Schultern zu entlasten.

Die schwersten Sachen sollte man zuoberst möglichst nah am Rücken packen. Scharfe Gegenstände dürfen aber nicht auf den Rücken drücken. Beim Skifahren kann der Schwerpunkt ruhig etwas tiefer liegen, um die Balance zu verbessern. So packen, daß die Sachen, die man oft benötigt, leicht herauszuholen sind, z.B. Essenssack, Anorak, Windsack oder Regenkleider. Es ist praktisch, die Ausrüstung nach Anwendungsbereichen zu sortieren und die einzelnen Gruppen in wasserdichte, bunte Beutel zu verpacken, z.B. Proviant in einen roten Beutel, Wechselkleidung in einen grünen etc. Solche Beutel kann man leicht selbst nähen. Im Rucksack sollten sie so verstaut sein, daß man gut an sie herankommt.

Kleidung im Sommer

Das Wetter im Fjäll kann sich rasch ändern. Deshalb muß man sich für die unangenehmsten Fälle ausrüsten. Regen in Kombination mit starkem Wind kühlt stark aus. Optimal sind ein völlig abdeckender Regenschutz und ein wasserdichter Überzug für den Rucksack. Der Nachteil bei einem Regenoverall ist, daß man leicht ins Schwitzen gerät. Als Alternative können Regenjacke, Südwester und Plastikhosen (lange Hosenbeine, die in der Taille befestigt werden) genannt werden. Billige Regenkleider sollte man möglichst nicht benutzen, meistens sind sie von schlechter Qualität.

Auch im Sommer sollte man immer lange Unterhosen, einen warmen Pullover, ein Halstuch und Handschuhe mitnehmen. Der Pullover sollte keinen Rollkragen haben, denn der behindert die Luftzirkulation. Besser ist ein Halstuch. Sportkleidung, die man zu Hause trägt, taugt auch im Gebirge. Alle Kleidungsstücke sollten so weit sein, daß nichts scheuert. Unter der äußeren Kleiderschicht sollte Platz für mehrere andere Schichten sein. Teile, die an der Kleidung oder am Rucksack baumeln, sollten vermieden weden. Ebenso sollte darauf geachtet werden, daß unter dem Rucksack keine Knöpfe oder ähnliches gegen den Körper drücken. Baumwollkleidung ist leicht und preiswert, kühlt aber aus, sobald sie feucht wird. Durch das Einsprühen mit Siliconpräparaten kann man die Imprägnierung von Windjacken verbessern.

Schuhe

Da man auf einer Fjälltour recht lange Strecken laufen muß, sind Blasen an den Füssen besonders unangenehm. Die Schuhfrage sollte deswegen besonders gründlich und intensiv diskutiert werden. Das gewöhnlichste und in der Regel beste Schuhwerk sind Gummistiefel. Es sollten hohe und feste Stiefel sein, mit kräftiger, profilierter Sohle, keine »Segelstiefel«. Das Fußgewölbe braucht Verstärkung durch Holz- oder Stahleinlagen. Der hohe Schaft gibt dem Sprunggelenk Halt. Stiefel sind in feuchtem Gelände von größtem Vorteil:

Wasser gibt es im Fjäll an den meisten Stellen. Auch in steinigem Terrain sind Gummistiefel sehr nützlich. Der Nachteil ist, daß der Fuß durch Gummi nicht atmen kann, deshalb muß man besonders auf die Fußhygiene achten. Die Alternative zu Gummistiefeln sind feste Wanderschuhe mit profilierter Sohle, um in glitschigem Gelände Halt zu haben. Wanderschuhe bedürfen einer sorgfältigen Pflege, sie müsssen gründlich getrocknet und imprägniert werden, damit sie nicht durchfeuchten. Feuchte Wanderschuhe brauchen lange, bis sie wieder trocken sind. Gewässer sollte man nicht barfuß durchwaten. Hier sind Turnschuhe angebracht. Sie trocknen recht schnell und können auch als Hausschuhe in den Hütten verwendet werden. In Stiefeln und Wanderschuhen sollte man dünne und dicke Socken übereinander anziehen.

Kleidung im Winter

Wer das Fjäll im Sommer erlebt hat, will es auch im Winter kennenlernen. Dann kann es allerdings sehr kalt und windig sein. Deshalb muß man sich auf die schlimmsten Wetterverhältnisse einrichten. Am Kopf beginnend kann man folgendes empfehlen:

Die Mütze muß auch Ohren und Nacken bedecken und mit einem Schirm versehen sein. Der Anorak muß eine Kapuze mit Besatz und ein Band zum Zuziehen haben. Ebenso sollten die Ärmel mit Vorrichtungen zum Verschließen versehen sein, um eine Unterkühlung der Gelenke zu vermeiden. Der Anorak sollte groß und weit sein, damit man mehrere Lagen Kleider darunter tragen kann. Eine Sonnenbrille ist auch bei diesigem Wetter notwendig.

Ein gerripptes Netzunterhemd gibt Luft am Körper, darüber ein Hemd und einen Pullover. Unbedingt daran denken, daß man im Winterfjäll nicht ins Schwitzen geraten darf! Durch Schwitzen wird die Körpertemperatur gesenkt und dadurch im Extremfall auch das Konzentrations- und Urteilsvermögen beeinträchtigt. Mit einem Halstuch kann man die Luftventilation regulieren, deswegen sollte man also keinen Rollkragenpullover tragen.

An den Händen sollte man warme Fausthandschuhe mit winddichten Überzügen tragen. Daran denken, daß die Finger sich gegenseitig wärmen, wenn sie in Fausthandschuhen nebeneinander liegen. Lange Unterhosen sind unbedingt notwendig. Sie sollten - wie das Hemd - so lang sein, daß sie bei Bewegungen nicht herausrutschen. In den letzten Jahren ist Unterwäsche aus Kunststoff auf den Markt gekommen. Damit diese optimal funktioniert, muß sie täglich gereinigt und getrocknet, vielleicht sogar gewaschen werden. Wenn man Kniebundhosen verwendet, muß man lange und warme Strümpfe tragen, darüber Gamaschen, die die Eisbildung am Bein verhindern und den Schnee nicht in die Schuhe eindringen lassen. An den Füßen kräftige Skischuhe, die genügend Platz für zwei Paar Strümpfe und etwas isolierende Luft lassen. Sie sollten ungefüttert und nicht mit Schaumgummi o.ä. ausgefüllt sein. Eine perforierte Kunststoffsohle gibt etwas Distanz zur kalten Untersohle und wird nicht wie eine Filzsohle zusammengedrückt.

Für Pausen sollte man ein Extrakleidungsstück zum Überziehen haben (Daunenjacke, dicker Pulover o.ä.). Man sollte es problemlos an- und ausziehen können, ohne andere Kleidungsstücke zu behindern. Schön sind auch Stulpen, die man sogar während der Tour tragen kann, wenn es sehr kalt sein sollte. Ein Windsack bietet guten Schutz bei hartem Wind und großer Kälte. Der Windsack ist ein unentbehrliches Ausrüstungsteil. Die Skistöcke müssen große Teller haben, auch in losem Schnee Halt bieten zu können. Für die Ski gilt gleiches: Sie müssen mindestens 55-60 mm breit sein und den Fahrer in der Länge um 30 - 35 cm überragen. Auf dem Markt ist eine ganze Anzahl verschiedener Tourenski. Reine Holzski sind heute sehr ungewöhnlich (wenn man welche hat, darf man nicht versäumen, sie gründlich zu wachsen). Die meisten Ski sind aus Plastik. Sie benötigen nur eine einfache Wachsung in der Skimitte. Wachsfreie Ski haben in der Regel in der Mitte der Lauffläche Mohairplüsch oder sind auf der Lauffläche gerifflelt. Der Mohairplüsch muß von Zeit zu Zeit ausgetauscht und mit Silicon imprägniert werden.

Tourenski müssen harte Kanten haben, am besten Stahlkanten. Kabelbindungen geben Stabilität und sind Bügelbindungen vorzuziehen. Beim Skifahren im Fjäll ist es notwendig Fangriemen zu haben.

Zur Rast oder zum Biwakbau benötigt man einen Spaten, er sollte leicht sein, aber trotzdem ein breites Blatt haben. Eine Isoliermatte oder ein Rentierfell sind angenehm als Sitzunterlage.

Ausrüstungsvorschläge

Begibt man sich zum ersten Mal auf eine Fjälltour, fehlen in der Regel noch viele Ausrüstungsgegenstände. Es ist deshalb oft sinnvoll, diese zu mieten oder zu leihen (Verleihstellen siehe unten).

Sommer- und Wintertouren mit Unterkunft in Hütten:

Rucksack mit Hüftgurt
Rucksacküberzug
Karte mit Kartenhülle
Kompass, Stift, Papier
Fahrtenmesser
Trillerpfeife
Taschenlampe (nicht im Hochsommer)
Schlafsack (oder Jugendherbergsschlafsack)
Seife etc.
Taschentücher, Handtücher
Toilettenpapier
Nähzeug
Spülmittel, Haushaltspapier
Kerzen und Streichhölzer
Gas- oder Spirituskocher mit 1 l Spiritus pro Person und Woche (für eine Zelttour)
Thermoskanne
Besteck, Becher
Beutel zur Aufbewahrung von Proviant und Kleinzeug
STF-Mitgliedskarte

Zusätzliche persönliche Ausrüstung für Sommertouren

Gummistiefel oder adäquate Schuhe
Wollsocken und Ersatzsocken
Lange Hose oder Kniebundhose
Hemd und Ersatzhemd
Wollpullover
Winddichte Jacke
Mütze
Regenzeug, Südwester
Handschuhe, Halstuch
Turnschuhe zum Waten u. als Hausschuhe
Unterwäsche zum Wechseln
Lange Unterhosen
Schlafanzug, evt. Trainingsanzug
Mückenmittel

Zusätzliche persönliche Ausrüstung für Wintertouren

Skischuhe
Wollsocken und Strümpfe (in größerer Anzahl)
Gamaschen, Stulpen
Skihosen, warm, dicht und weit
Woll- oder Flanellhemd zum Wechseln
Wollpullover ohne Rollkragen
Extraüberzieher (Daunenjacke oder Dicker Pullover)
Skimütze mit Schutz für Ohren, Nacken und Stirn
Ungefütterte Skihandschuhe
Fäustlinge zum Wechseln
Schlafanzug, evt. Trainingsanzug
Sonnenbrille mit Seitenschutz
Wachs, Reservekabel für die Bindung
Fangriemen
Sicherungsseil
Liegeunterlage

Gemeinsame Ausrüstung für Gruppen im Winter

Werkzeug (ein kleinerer und ein größerer Schraubenzieher, Kneifzange, Draht, Schrauben, Nägel, Nieten, Epoxileim für Plastikski, Isolierband, Riemen und Schnüre)
Erste Hilfe-Set (siehe unten)
Windsack (einer für drei Personen)
Reserveskispitze
Schneespaten (einer für drei Personen)

Verleih von Ausrüstung

Wenn man seine Ausrüstung komplettieren will, ohne gleich alles zu kaufen, kann man das Fehlende gut leihen. In größeren Touristenzentren kann man Ski und andere Fjällausrüstung wie Zelt, Spaten, Windsack, Rucksack, Stiefel usw. leihen. Unten folgt eine Liste der Fjällstationen uä., die diesen Service anbieten. Natürlich kann STF keine Garantie geben, daß an diesen Stellen immer all das zu leihen ist, was man gerade benötigt. Deshalb empfiehlt es sich, vorher anzufragen, ob in der vorgesehenen Reisezeit das Benötigte vorhanden ist.

Abisko Turiststation
Tel. 0980-40 000
Ausrüstung für Langlauf, Touren und Haute Route. Zelte, Rucksäcke, Liegeunterlagen, Kocher, Stiefel und Sicherheitsausrüstung.

Kebnekaise Fjällstation
Tel. 0980-18 184
Haute Route-Ausrüstung, Kletterausrüstung, Zelte, Liegematten, Kocher, Sicherheitsausrüstung.

Storulvåns Fjällstation
Tel. 0674 1-74 020
Ausrüstung für Langlauf, Touren und Haute Route. Zelte, Rucksäcke, Liegeunterlagen, Kocher, Stiefel und Sicherheitsausrüstung.

Grövelsjöns Fjällstation
Tel. 0235-23 090
Ausrüstung für Langlauf, Touren und Abfahrt. Zelte, Rucksäcke, Schlafsäcke, Liegeunterlagen, Kocher, Sicherheitsausrüstung, Stiefel, Kanus, Schwimmwesten.

Proviant

Die Ernährung auf einer Tour braucht sich nicht wesentlich von den Mahlzeiten daheim zu unterscheiden. Man muß allerdings beachten, daß die Sachen leicht zu tragen und zuzubereiten sein müssen. Im Sommer müssen sie auch haltbar sein. Diese Forderung führt dazu, daß die Mahlzeiten auf gefriergetrockneten Suppen und Gerichten basieren müssen. Geräucherter Speck, Schnellkochnudeln, getrocknetes Rentierfleisch etc. können aber auch verwendet werden. Gewürze und Bouillonwürfel machen die Mahlzeiten etwas schmackhafter.

Die unten stehenden Vorschläge können zu einem Wochenspeiseplan erweitert werden, wenn man die verschiedenen Suppen und Trockengerichte während der Wochen variiert. Man sollte unbedingt viel für das Frühstück und für Butterbrote einplanen!

Essensvorschlag für einen Tag:
Frühstück:
Hafergrütze mit Rosinen, Müsli, Knäckebrot mit Butter und Aufstrich, Tee, Kaffee, Zucker.
Mittag:
Warme Suppe, Knäckebrot mit Butter und Aufstrich.
Nachmittag:
Fertiggericht, evt. mit Reis o.ä. aufgefüllt, Kaffe, Tee.
Abend:
Kaffee, Tee, Kekse, Butterbrote.

Während der Wanderung braucht man häufig etwas zwischendurch, um sich wieder aufzumuntern, z.B. Rosinen, saure Bonbons, getrocknete Früchte oder Schokolade. Zum Trinken kann man das gute Fjällwasser nehmen. Der Proviant wird in Plastikbeuteln verstaut. Nicht vergessen, für ein bis zwei Tage Ersatzproviant mitzunehmen! Zum Beispiel Tütensuppen und ein Fertiggericht. In vielen Fjälleinrichtungen des STF kann man in Geschäften und Kiosken Proviant kaufen. Verkauft werden u.a. Konserven mit Fleischbällchen, Klopse und Wurst, Nudeln, Reis und Fertiggerichte, Suppen, Knäckebrot, Margarine und Aufstrich, Tee, Kaffee, Limonade, Schokolade, Rosinen, Brennstoff für die Kocher, Kerzen, Toilettenpapier. Verkauft wird in allen Fjällstationen des STF und in den Hütten Aktse, Alesjaure, Helags und Sälka. Im Sommer auch in Kaitumjaure, Ritsem und Såmmarlappa.

Normalerweise sind die Verkaufsstellen eine Stunde am Morgen und zwei Stunden am Abend geöffent. In Staloluokta Sameviste kann man von Mittsommer bis Ende August Proviant bei der Familie Parfa kaufen.

Erste Hilfe - Ausrüstung

Im folgenden ein Beispiel, das nach Bedarf und Tourenart erweitert und verändert werden kann.

Notverband, elastische Binde.

Kompressen und Schnellverband für kleine Wunden.

Leukoplast (5 cm breit) und/oder Elastoplast für die Behandlung und zum Vorbeugen von Scheuerstellen und Blasen.

Hautsalbe.

Sonnencreme und Lippensalbe mit starkem Lichtschutzfaktor. Besonders für Wintertouren.

Schmerztabletten.

Salbe gegen Schneeblindheit.

Schere, Sicherheitsnadeln und Fieberthermometer.

Vorsorge treffen ...

um Blasen, Erfrierungs- und Sonnenschäden zu vermeiden! Hier einige Tips, was man tun kann, um sich die Ferien nicht unnötig zu verderben.

Blasen

Gut eingelaufene Schuhe anziehen!

Die Füße abends waschen und mit Salbe einreiben, die verhornte Hautstellen aufweicht.

Trockene, saubere und vor allem ganze Socken und Strümpfe anziehen. Sobald etwas am Strumpf drückt, sofort stehen bleiben und die Strümpfe geradeziehen. Das muß sofort geschehen, sonst kann die ganze Tour zur Qual werden.

Wer empfindliche Haut hat, sollte die Füße gleich von Beginn der Wanderung an mit Elastoplast oder Leukoplast bekleben.

Erfrierungsschäden

Morgens vor dem Start sollte man sich mit dem Gesicht in den Wind stellen und versuchen herauszufühlen, wie stark und wie kalt es bläst. Man sollte sich den Wind-Kälte-Index zur Beurteilung vergegenwärtigen (siehe untenstehende Tabelle).

Die Gefahr von Erfrierungsschäden nimmt bei starken Wind also rasch zu. Niemals sollte man sich morgens waschen und rasieren; das natürliche Hautfett ist ein Schutz! Die Schirmmütze und die Pelzkante an der Kapuze des Anoraks bilden ein wärmendes Luftpolster vor dem Gesicht.

Trockene, saubere und lose sitzende Kleidung anziehen, die ein Ventilieren der Luft am Körper ermöglicht.

Man sollte beachten, daß ein Metallarmband an der Uhr lokale Erfrierungsschäden verursachen kann.

Wenn es sehr kalt ist, sollte man sich immer mindestens in Zweiergruppen hinausbegeben und sich von Zeit zu Zeit gegenseitig kontrollieren. Auf diese Weise entdeckt man beginnende Erfrierungsschäden im Gesicht schneller.

Wind m/sec	Temperatur º C						
	0	-5	-10	-15	-20	-25	-30
4	-7	-12	-18	-25	-32	-38	-44
7	-11	-17	-24	-31	-38	-45	-52
9	-14	-19	-27	-35	-43	-50	-57
11	-16	-22	-30	-38	-46	-53	
13	-17	-24	-32	-40	-48	-56	
16	-18	-26	-34	-42	-49	-57	
20	-19	-28	-36	-44	-52	-59	

großes Erfrierungsrisiko   sehr großes Erfrierungsrisiko

Sonnenschäden

Man kann sowohl einen Sonnenbrand bekommen wie schneeblind werden. Der Mensch verträgt weniger Sonne, als man denkt. Im Spätwinter, wenn das Sonnenlicht sehr intensiv ist, sind Sonnenschäden weit verbreitet. Sobald man die Sonne als störend und unangenehm empfindet, sollte man dies als erste Warnung wahrnehmen. Die Sonne sticht auf der Haut: Sonnencreme mit hohen Schutzfaktor verwenden! Fettsalbe im Gesicht hat einen Brennglaseffekt und beschleunigt den Prozeß. Eine dünne Schicht Fettsalbe kann man am Abend vorher auftragen.

Daß man bei strahlend blauem Himmel und Sonnenschein im Hochgebirge schneeblind werden kann, wissen die meisten. Das größte Risiko für Schneeblindheit besteht jedoch an diesigen Tagen. Die ultraviolette Strahlung ist wirksam, obwohl man die Sonne nicht sieht! Wenn man dann die Sonnenbrille nicht trägt, läuft man Gefahr, schneeblind zu werden. Die ersten Symptome treten oft am Abend mit Rötungen und Reizungen auf. Die Augen tränen, und die betroffene Person muß geführt werden wie eine blinde. Deshalb immer an die Sonnenbrille denken! Bei starker Sonneneinstrahlung sollte eine Brille mit Seitenschutz getragen werden.

Allgemeines

Man muß bedenken, daß der Flüssigkeits- und Kalorienbedarf bei Kraftanstrengung zunimmt. Ein kräftiges Frühstück ist eine gute Grundlage, zwischendurch sollte man aber immer einmal etwas trinken, auch wenn man nicht durstig ist.

Außerdem darf man nicht vergessen, daß körperliche Anstrengungen gefährlich sind, wenn man eine Infektion im Körper hat.

Karten

Fjällkarta

Die Fjällkarte »Fjällkarta« in den Maßstäben 1 : 100.000 und 1 : 50.000 wird vom Landesvermessungsamt - Lantmäteriet - herausgegeben. Die topographische Karte dient als Vorlage. Die Einteilung in 30 Blätter ist beliebten Fjälltouren und Wandergebieten angepaßt.

Lila Gedrucktes soll auf für Touristen besonders Interessantes verweisen.

Die Karten werden laufend redigiert, man sollte also darauf achten, immer die aktuellste zu benutzen. Preis ca. 46 Skr.

Blattbezeichnungen:

21	E	Håkafot
22	E	Frostviken
22	F	Risbäck
23	EF	Fatmomakke
24	EF	Tärnaby
24	G	Umnäs
25	EF	Umfors
25	FG	Ammarnäs
25	H	Arjeplog
25	FG	Vuoggatjålme
26	H	Jäkkvik
27	G	Sulitelma
27	H	Kvikkjokk
27	I	Tjåmotis
28	G	Virihaure
28	H	Sarek
28	I	Stora Sjöfallet
29	GH	Sitasjaure
29	I	Kebnekaise
29	J	Kiruna
30	I	Abisko
30	J	Rensjön
31	JK	Naimakka
32	J	Treriksröset
BD	6	Abisko-Kebnekaise
BD	8	Kebnekaise-Saltoluokta
BD	10	Sarek Nationalpark
AC	2	Tärnaby-Hemavan-Ammarnäs
Z	4	Skäckerfjällen-Kall
Z	5	Hotagen-Mjölkvattnet-Kall
Z	6	Storlien-Vålådalen-Ljungdalen
Z	7	Åre-Bydalen-Hallen
Z	8	Helags-Funäsdalen-Rogen
W	1	Rogen-Grövelsjön-Idre
W	2	Fulufjället-Sälenfjället

Vegetationskarten

Die Vegetationskarte im Maßstab 1 : 100.000 zeigt die verschiedenen Vegetationstypen im Fjäll. Auf jedem Kartenblatt befinden sich kurze Darstellungen zu Ökologie, Klima, Topographie, Böden und botanisch interessanten Gebieten. Bislang sind folgende Blätter erschienen:

1	Treriksröset-Naimakka
2	Abisko
3	Rensjön
4	Sitasjaure
5	Kebnekaise
6	Virihaure-Västra Sarek
7	Östra Sarek-Stora Sjöfallet
10	Pieljekaise
11	Umfors
12	Ammarnäs
13	Tärna
14	Fatmomakke
15	Frostviken
16	Håkafot
17	Kolåsen
18	Storlien-Sylarna
19	Åre
20	Funäsdalen
21	Idre
22	Särna-Sälen

Die Karten können bestellt werden bei:
Statens Naturvårdsverk
Box 1302
171 25 Solna

Geomorphologische Karten

Für Wanderer besonders interessante Karten hat der Fjällausschuß des Naturschutzamts erstellt. Es handelt sich um 23 Karten zur Oberflächenstruktur des Fjälls im Maßstab 1 : 250.000. Zusammen mit erläuterndem Text sind die Karten zum Preis von 50 Skr. erhältlich beim Naturschutzamt:
Statens Naturvårdsverk
Box 1302
171 25 Solna

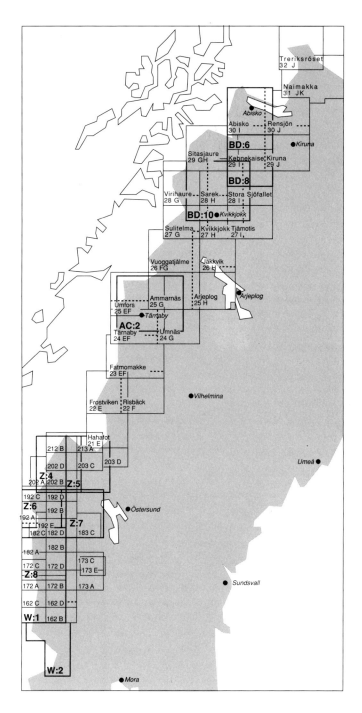

KARTEN 23

Wetter, Witterung

Wie wird das Wetter?

Wie ein Tag wird, ob man nun eine Tour im Fjäll vorhat oder zu Hause einen Ausflug machen will, hängt stark vom Wetter ab. Je länger man sich draußen aufhält, desto größere Bedeutung hat das Wetter, besonders wenn es kalt bläst. Man sollte es sich zur Gewohnheit machen, den letzten Wetterbericht im Radio zu hören. Im schwedischen Programm 1 sendet SMHI (Sveriges Meteorologiska och Hydrografiska Institut) mehrmals täglich einen ausführlichen Wetterbericht.

Im Fjäll gibt es sogar lokale Prognosen, die man per Telefon abfragen kann. Die Telefonnummer erfährt man entweder bei der örtlichen Polizei, meistens auch in den Touristen- und Fjällanlagen.

Wetterberichte von SMHI in P 1

06.20 h tägl. außer sonntags und feiertags

08.05 h tägl. von Weihnachten bis Ostern sogar mit Angaben der Fjällstationen

13.00 h tägl. im Winter freitags mit Angaben der Schneehöhen

18.30 h tägl. montags und donnerstags mit Fünftage-Vorhersage

21.50 h tägl. montags und donnerstags mit Fünftage-Vorhersage

Übersichtsprognosen im Radio

im Anschluß an Nachrichtensendungen:

	werktags	samstags	sonn- und feiertags
05.00 h	P 3	-	-
07.00 h	P 1	P 1	-
09.00 h	-	-	P 3
16.58 h	P 1/P 3	P 1/P 3	P 1/P 3
23.00 h	P 3	P 3	P 3

P 1 ist Sveriges Radio Programm 1
P 2 ist Sveriges Radio Programm 2
P 3 ist Sveriges Radio Programm 3

Außerdem werden im Lokalradio Wetterberichte gesendet. Das Angebot ist von Bezirk zu Bezirk verschieden und ist im allgemeinen auf Samstag, Sonntag und Feiertage beschränkt.

Windstärken

m/sec	km/h	schwedische / **deutsche** Benennung
0,0- 0,2		lungt
		windstill
0,3- 1,5		svag vind
		leiser Zug
1,6- 3,3		svag vind
		leichte Brise
3,6- 5,4	18	måttlig vind
		schwache Brise
5,5- 7,9		måttlig vind
		mäßige Brise
8,0-10,7	36	frisk vind
		frische Brise
10,8-13,8		frisk vind
		starker Wind
13,9-17,1	54	hård vind
		steifer Wind
17,2-20,7	72	hård vind
		stürmischer Wind
20,8-24,5		halv storm
		Sturm
24,6-28,4	90	storm
		schwerer Sturm
28,5-32,6	108	svår storm
		orkanartiger Sturm
über 32,7		orkan
		Orkan

ALLGEMEINES

Durchschnittstemperaturen in °C

Ort	m ü.d.M.	Febr	März	April	Juni	Juli	Aug	Sept
Abisko	388	-11.0	-7.9	-3.2	7.7	12.3	10.3	5.7
Nikkaluokta	470	-13.7	-9.5	-3.7	8.9	13.1	10.7	5.1
Aktse	550	-10.5	-8.0	-2.4	8.8	12.5	10.3	5.2
Kvikkjokk	332	-12.6	-7.7	-1.7	10.0	13.7	11.4	6.1
Jäkkvik	430	-13.7	-8.9	-2.6	9.3	12.8	10.6	5.7
Ammarnäs	405	-12.4	-7.7	-1.6	9.5	13.2	11.4	6.3
Storlien	642	-7.4	-5.1	-1.0	8.2	11.5	10.3	6.3
Fjällnäs	780	-10.0	-7.6	-2.5	7.9	11.2	9.8	5.7
Ljusnedal	570	-10.6	-6.8	-0.9	9.7	12.7	10.9	6.4
Sälen	360	-8.6	-4.4	-1.3	12.0	14.4	12.5	7.8

Niederschlag - Durchschnittsmengen in mm

Ort	m ü.d.M.	Febr	März	April	Juni	Juli	Aug	Sept
Abisko	388	22	21	16	32	47	46	36
Katterjåkk	500	59	65	40	70	79	87	104
Nikkaluokta	470	25	22	27	51	74	65	48
Ritsem	521	32	32	26	41	48	50	50
Kvikkjokk	332	33	25	31	64	86	81	55
Vuoggatjålme	500	30	23	21	41	65	58	39
Jäkkvik	430	31	22	28	54	91	81	60
Ammarnäs	405	36	28	30	51	76	75	55
Hemavan	475	57	47	33	54	77	75	68
Gäddede	321	49	42	35	65	76	71	60
Storlien	642	52	47	47	81	98	101	100
Fjällnäs	780	52	48	46	84	97	93	82
Ljungdalen	615	39	32	33	64	87	78	56
Sälen	360	30	24	42	84	106	91	83

Sonnenauf- und untergang in einigen lappländischen Orten

	Karesuando		Abisko		Saltoluokta		Jäkkvik	
	auf	unter	auf	unter	auf	unter	auf	unter
1. Januar	-	-	-	-	11.22	12.17	10.40	13.12
1. Februar	9.01	14.28	9.14	14.44	9.03	14.57	8.58	15.14
1. März	6.56	16.30	7.11	16.45	7.08	15.50	7.11	17.00
1. April	4.43	18.27	4.58	18.41	5.02	18.40	5.10	18.44
1. Mai	2.29	20.29	2.45	20.42	2.56	20.33	3.12	20.30
1. Juni	-	-	-	-	0.03	-	1.03	22.41
1. Juli	-	-	-	-	-	-	-	-
1. August	1.38	21.29	1.55	21.29	2.13	21.27	2.34	21.19
1. September	3.54	19.03	4.09	19.17	4.15	19.14	4.26	19.16
1. Oktober	5.44	16.54	5.59	17.09	5.58	17.11	6.04	17.18
1. November	7.46	14.40	8.00	14.46	7.53	15.05	7.51	15.19
1. Dezember	10.43	12.04	10.43	12.24	10.08	13.00	9.50	13.31

Für die Sommerzeit muß jeweils eine Stunde addiert werden.

Mitternachtssonne

Auf dem nördlichen Polarkreis (66° 33' nördlicher Breite) ist sie zur Sommersonnenwende am 21.6. rund um die Uhr sichtbar: die Mitternachtssonne. Je weiter man nach Norden kommt, desto länger scheint die Mitternachtssonne. Am Nordkapp im nördlichsten Norwegen zum Beispiel steht die Sonne vom 12. Mai bis zum 29. Juli am Himmel. Am Nordpol dauert der »Polartag« oder »Polarsommer« ein halbes Jahr, während man die andere Hälfte des Jahres »Polarnacht« oder »Polarwinter« nennt. Auf der südlichen Hälfte des Globus herrschen die umgekehrten Verhältnisse.

Die Mitternachtssonne ist sichtbar in:

	m ü.d.M.	von - bis
Pältsa	1 448	22.5. - 22.7.
Karesuando	330	26.5. - 18.7.
Riksgränsen	520	26.5. - 18.7.
Abisko	385	12.6. - 4.7.
Njulla	1 163	31.5. - 16.7.
Kebnekaise	2 117	23.5. - 22.7.
Dundret (bei Gällivare)	823	2.6. - 12.7.
Porjus	370	9.6. - 4.7.
Lulep Kierkau (bei Saltoluokta)	1 187	7.6. - 5.7.
Vallespiken (bei Kvikkjokk)	1 388	8.6. - 4.7.

Samen und Rentierzucht

Als Fjällwanderer auf dem Kungsleden, im Sarek, im Gebiet um Sylarna und Helags und an vielen anderen Stellen ist man in »sami eatnan« - im Land der Samen. Das, was man vielleicht als Wildnis erlebt, ist für die Samen Kulturlandschaft, die sie seit Jahrhunderten genutzt haben und weiterhin für Rentierzucht, Jagd und Fischfang u.a. nutzen werden.

Die Rentiere gehören rentierzüchtenden Samen der 44 Fjällsamendörfer zwischen Könkämä im Norden und Idre im Süden. Bedingt durch den Abtrieb der Herden von der Sommerweide im Fjäll zur Winterweide im Waldland, ist die Rentierzucht mit Wanderungen von jeweils 200 km und mehr verbunden. Daneben gibt es eine mehr stationäre Rentierzucht. In der Lappmark liegen 10 Waldsamendörfer und im Gebiet um den Torneälv, im Tornedalen, 7 Konzessionssamendörfer. Zusammmengenommen gibt es 250.000 Rentiere, ohne die jährlich hinzukommenden Kälber. Für rund 3.000 Samen ist Rentierzucht die Versorgungsbasis. Der Produktionswert der Rentierzucht beläuft sich auf ca. 35 Millionen Schwedische Kronen pro Jahr für Rentierfleisch und Haut. Hinzu kommen noch die Erträge der samischen Kombinationsgewerbe Jagd, Fischfang und Kunsthandwerk.

Jedes Samendorf hat ein begrenztes Gebiet und ist in etwa wie eine Genossenschaft organisiert. Die Mitglieder besitzen ihre Rentiere, arbeiten aber auf verschiedene Weise bei der Zucht zusammen, z.B. bei der Sammlung, dem Abtrieb, der Markierung und Schlachtung.

Das höchste Beschlußorgan der Samendörfer ist die Ortsversammlung einmal im Jahr, auf der sämtliche Mitglieder stimmberechtigt sind. Im übrigen vertritt eine gewählte Leitung die Samendörfer. Die größten Samendörfer haben ungefähr 200 Mitglieder, während das kleinste gerade 10 hat.

Verschiedene rechtliche und andere Bestimmungen werden in einem speziellen

Rentierzuchtgesetz geregelt. Das jetzige ist von 1971 - das erste wurde 1886 erlassen.

Alle Samendörfer sind Mitglied im SSR, Svenska Samernas Riksförbund, dem Reichsverbund der schwedischen Samen. Dort sind auch die 21 Samenvereinigungen Mitglied, die die große Gruppe der Samen repräsentieren, die keine Rentierzüchter mehr sind, ca. 14.000 Personen.

Die Samen fühlen sich als ein Volk, mit eigener Kultur und Sprache. Dies gilt für sowohl die rentierzüchtenden wie nicht mehr rentierzüchtenden Samen in Schweden, ca. 30.000 Samen in Norwegen, 5.000 in Finnland und 2.000 in der Sowjetunion. Samen aus dem gesamten samischen Siedlungsgebiet versammeln sich alle drei Jahr zu einer Konferenz. In der Zwischenzeit wird die Arbeit von einem Samenrat, der auf der Konferenz gewählt wird, geleitet.

Als eine ursprüngliche Minorität stellen die Samen in Schweden Forderungen nach Freiräumen, um ihre eigene Kultur innerhalb der schwedischen Gesamtgesellschaft entwickeln zu können. Der enge und unauflösliche Zusammenhang zwischen Wirtschaftsform und Kultur fordert nicht nur Engagement im Kultursektor, sondern auch Maßnahmen, um die Ausbeutung der Gebiete einzuschränken, die die Rentiere als Weideland im Winter und im Sommer benötigen. Samische Rechts- und Kulturfragen werden zur Zeit von einem staatlichen Ausschuß analysiert und bearbeitet.

Weidende und gesammelte Rentiere sollte man möglichst nicht stören. STF bittet auf seinen Anschlagstafeln folgendes zu beachten:

- Respektiere die Arbeit der Samen, indem Du größtmögliche Rücksicht auf die Rentierzucht nimmst. Eine Herde zu sammeln und sie gesammelt zu halten, ist eine harte und mühselige Arbeit. Die Tiere durch Unachtsamkeit aufzuscheuchen, kann sehr leicht geschehen!
- Bedenke, daß eine Rentierherde leicht zu erschrecken ist und auseinander läuft, wenn Du versuchst, Dich ihr zu nähern. Gehe deshalb einen Umweg, anstatt direkt auf eine weidende Herde zuzugehen!
- Renne nicht aus der Hütte heraus, wenn eine Herde vorbeizieht. Du siehst genausogut durchs Fenster!
- Wähle Deinen Zeltplatz so, daß Du keine Herde behinderst oder beim Weiden störst!
- Nimm Rücksicht als ein kleines Dankeschön für die Erlebnisse, mit der die Rentierzucht Deinen Fjällaufenthalt bereichert hat!

Samen und Rentierzucht

Angeln im Fjäll

Wandern und Angeln zu kombinieren, ist eine schöne Sache. Eine Unterbrechung an Bächen, Flüssen und Seen mit der Angel in der Hand kann auch für diejenigen, die sich aufs Wandern und die Gebirgswelt konzentrieren wollen, ein zusätzlicher Höhepunkt der Tour werden. Wer von vorneherein vorhat zu angeln, tut gut daran, rechtzeitig mit der Planung anzufangen und nicht darauf zu hoffen, gute Fischgewässer direkt entlang der Route zu finden. Das Buch »Svenska Fiskevatten« (Schwedische Angelgewässer), herausgegeben vom Sportanglerverband Sportfiskarana, gibt Auskunft über mehr als 60.000 Angelgewässer im ganzen Land.

Angelkarten

Im ganzen Fjäll darf nur mit Angelkarte geangelt werden. Auf der Karte selbst oder auf der beigefügten Informationsbroschüre stehen Angaben zu den Gewässern, für die die Karte gültig ist, Angaben zu den Fangmethoden, Minimalgrößen u.v.a. Die Karten werden in den Fjällstationen, den lokalen Touristenbüros, in einigen (Sport-) Geschäften, bei den Landwirtschaftsbehörden der Regierungsbezirke etc. verkauft. Eine Angelkarte, die für ganz Schweden gilt, gibt es nicht.

Angelsaison

In der Hauptreisezeit und Wandersaison ist es generell erlaubt zu angeln. Nach dem 1. September treten gewisse Einschränkungen in Kraft, die Fischarten betreffen, die im Herbst in fließendem Wasser laichen. Zu gewissen Zeiten und mit lokalen Abweichungen ist das Angeln im Winter erlaubt.

Gewässer, die den Samen gehören

In zahlreichen Gewässern in Norrbotten und Västerbotten ist oberhalb der sog. »Odlingsgränsen« Angeln mit Angelkarte erlaubt. Odlingsgränsen ist die Grenze zwischen Tiefland und Hochgebirge, oberhalb derer kein Anbau (odling) von Kulturpflanzen mehr möglich ist; gleichzeitig ist sie die traditionelle Grenze für das von den Samen beanspruchte Weideland für ihre Rentiere. Außerdem steht den Anglern das Rentierweideland im jämtländischen Fjäll zur Verfügung.

Nationalparks

In den Nationalparks herrscht generelles Angelverbot.

Kungsleden und Padjelanta

Für den Kungsleden und die Wanderwege im Park Padjelanta gibt es spezielle Angelkarten. In bestimmten Bereichen sind jedoch Einschränkungen zu beachten.

Angelmethoden

Üblich ist es, mit Fliege, Spinner, Haken oder Blinker zu angeln. Viele sind der Ansicht, daß Angeln mit Würmern oder Larven am erfolgversprechendsten ist. Man muß allerdings beachten, daß nicht in allen Angelgewässern sämtliche Methoden zugelassen sind. An bestimmten Gefällstrecken darf zum Beispiel nur mit Flugangel geangelt werden. Fischen mit Netz oder Utterbrädda - einem Schleppbrett mit einer Hauptschnur und mehreren Nebenschnüren für Haken und künstliche Fliegen - ist in der Regel nicht erlaubt.

Fischarten

Gewöhnlich fängt man im Fjäll Lachsforelle (öring), Saibling (röding) und Äsche (harr). Hecht (gädda), Barsch (abborre) und andere Arten können in Ausnahmefällen vorkommen.

Beispiele für Fischgewässer

Norrbotten:

Kamasjaure - Sintojaure - Råstojaure nördlich des Torneträsk. Das Gebiet

Kvikkjokk - Padjelanta - norwegische Grenze. Västerfjäll - Mavasjauregebiet und Laisdalen - die Gegend um den Oberlauf des Vindelälvs.

Västerbotten:

Tärna - Ammmarnäsgebiet. Kittelfjäll - Fättjaure - Vardofjällsgebiet, Borgafjäll - und Vilhelminafjällgebiet.

Jämtland:

Krokoms Kommune. Das »Jämtdreieck« - Vålådalen, Valsjöbyn mit dem Rengsfall, Dammån, Langån, Ammerån und Gimån. Strömsunds Kommune - Frostviken.

Härjedalen:

Tännäs Kommune - Hede und Helagsgebiet.

Dalarna:

Skedbro- und Grövelsjögebiet, Fulu- und Idrefjäll, der Oberlauf des Görälven.

Weitere Informationen

Sportanglerverband »Sportfiskarna«:
Box 115 01
100 61 Stockholm
Tel. 08 - 74 30 79 0

Kanufahren im Fjäll

Die herrliche Landschaft des Hochgebirges eignet sich hervorragend für Kanufahrten. Norrländische Ströme und kleinere Wasserläufe ermöglichen Paddeltouren in echter Wildnis, die große Anforderungen an das Können der Kanuten stellen. Abenteurer können ihren Mut und vor allem ihre Geschicklichkeit in unzähligen Stromschnellen unter Beweis stellen. Der Schwedische Kanuverband (Svenska Kanotförbundet) erteilt gerne Auskunft über Streckenbeschreibungen, Kanuverleih, Literatur und passende Kurse.

Svenska Kanotförbundet
Idrottens Hus
123 87 Farsta
Tel. 08 713 60 00

Kanuverleih

Der Kanuverband gibt jährlich die Broschüre »Kanotvåg - Paddla i Sverige« (Kanuwelle - Paddeln in Schweden) heraus. Darin sind die vom schwedischen Kanuverband autorisierten Kanuzentralen kurz präsentiert. Ein Kanu bei einer solchen bevollmächtigten Kanuzentrale zu leihen, verspricht einen guten Start für eine geglückte Paddeltour.

Bei folgenden Fjällstationen können ebenfalls Kanus gemietet werden:

Grövelsjöns Fjällstation
Tel. 0253 - 230 90
Kvikkjokks Fjällstation
Tel. 0971 - 210 22

Schneeskooterfahren im Fjäll

Um sich in der Freizeit ins Fjäll zu begeben, wird immer stärker auf Schneeskooter zurückgegriffen. Das Ziel kann ein Angelsee sein, oder man unternimmt einfach eine reine Vergnügungsfahrt.

Skifahrer und Schneeskooter benutzen oft dieselben Wege, was manchmal zu Verdruß bei den Skifahrern führt, weil sie sich im Erleben der Gebirgslandschaft und der Stille gestört fühlen.

Der Schneeskooterverkehr ist heute meist auf markierte Wege beschränkt. Freie Fahrt ist nur in großen Fjällgebieten möglich. In vielen Gebieten herrscht jedoch völliges Schneeskooterverbot.

Die markierten Schneeskooterwege sind durch ein Schneeskootersymbol an den Pfählen der »Wegesterne« (ledstjärnor) gekennzeichnet. Frischgepflügte Schneeskooterwege können leicht mit traditonell gespurten Skiwegen verwechselt werden. Skifahrer dürfen sie zwar benutzen, müssen dann aber mit intensivem Schneeskooterverkehr rechnen. Manche Schneeskooterwege sind bloß mit einem Symbol an einem einfachen Holzpflock markiert.

Die Gebiete, in denen Schneeskooterfahren verboten ist, sowie die Wege, die befahren werden dürfen, sind in der grünen Fjällkarte (Fjällkarta) verzeichnet.

In den Nationalparks, vielen Naturreservaten und in der Umgebung bestimmter Touristenanlagen ist Schneeskooterverkehr ganz oder teilweise untersagt. Genaue Auskunft über Schneeskooterwege und Skooterverkehr erteilen die Informationsabteilungen des Naturschutzamtes, der Regierungsbezirke Norrbotten, Västerbotten, Jämtland und Kopparberget sowie die verschiedenen Schneeskootervereine.

STF-Hütten sind enstanden, um Wander- und Skitouren im Fjäll zu erleichtern. Schneeskooterfahrer können Tagesausflüge unternehmen, die auf Skiern mehrere Tage dauern würde. Eine STF-Hütte hat daher als Etappenziel für einen Skooterfahrer weit geringere Bedeutung als für einen Skifahrer. In Zukunft wird der STF also auch weiterhin seine Hütten für Skifahrer freihalten, die auf diese Unterkunftsmöglichkeiten völlig angewiesen sind. Deswegen müssen Schneeskooterfahrer zur nächsten Hütte weiterfahren, wenn kein Platz mehr vorhanden oder abzusehen ist, daß es eng werden wird. Wer eine Schneeskootertour unternehmen will, sollte sie deshalb so planen, daß man für die Übernachtung nicht auf STF-Hütten angewiesen ist. Fährt man jedoch außerhalb der Ostersaison und auf weniger frequentierten Wegen, ist meist genug Platz für alle vorhanden.

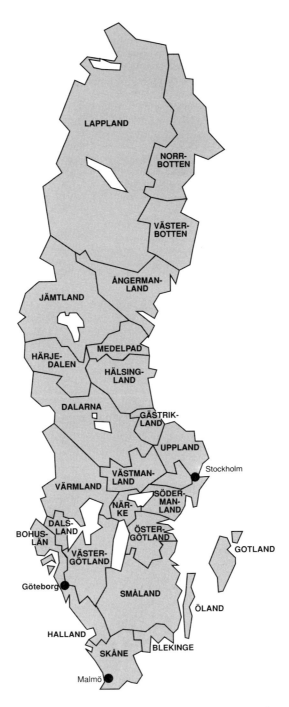

LANDSCHAFTSÜBERSICHT

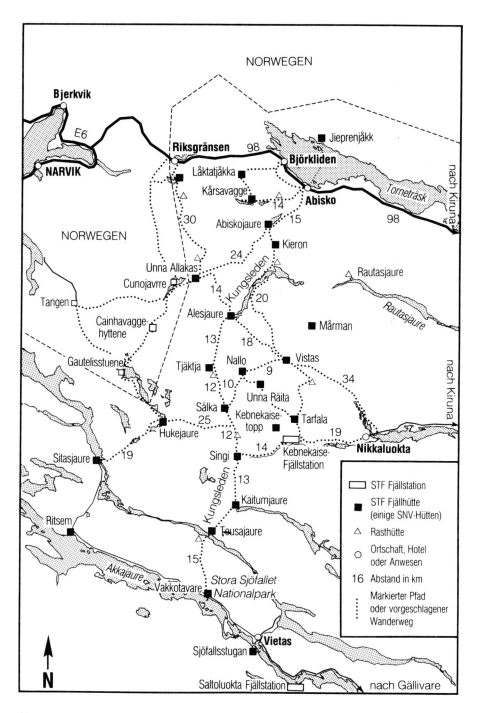

Tourenbeschreibungen

Das Fjäll um Kiruna

Mit den Knotenpunkten Abisko, Kcbnckaise und Vakkotavare ist dieses Fjällgebiet eines der am leichtesten zugänglichen und zugleich eines der aufregendsten. Das gut ausgebaute Wege- und Hüttennetz kommt sowohl Anfängern wie erfahrenen Fjällwanderern zupaß. Unter anderem war dies der Grund für den Vorschlag des staatlichen Naturschutzamtes, das gesamte Gebiet zum Nationalpark zu erklären.

Tourenvorschläge

Die Vorschläge sind in Winter- und Sommertouren aufgeteilt und von Norden nach Süden (vgl. Karte) aufgeführt.

In der Umgebung der Hütten liegen oftmals besuchenswerte Ausflugsziele (vgl. auch Hüttenverzeichnis), für die es sich lohnt, einen Tag länger zu bleiben.

Man sollte immer einen Reservetag einkalkulieren und die Tour gründlich planen.

Skitouren

Abisko - Kebnekaise
85 km
BD 6

Abisko-Kebnekaise: Markierter Winterweg.
Startpunkt: Abisko Touriststation, STF. Telefon. Post. Anschluß an öffentliches Straßennetz und Eisenbahn.
1. Tag: In südwestliche Richtung durch den Abisko Nationalpark zum **15 km Abiskojaure**, STF. Nottelefon an Pfahl 239.

2. Tag: In südliche Richtung zwischen Adnjetjårro und Kartinvare, weiter in südwestliche Richtung über Miesakjaure und Alesjaure bis **20 km Alesjaurestugorna**, STF. Nottelefon. Proviantverkauf.
3. Tag: In südliche Richtung durch Alesvagge bis **13 km Tjäktja**, über den Tjäktjapaß bis **25 km Sälka**, STF. Rentierfanggatter. Nottelefon. Proviantverkauf.
4.Tag: Weiter durch Tjäktjavagge über Kuoperjåkka bis zu Rasthütte 6 km. Danach in südöstliche Richtung über Singitjåkkas Südwesthang hinein in Ladtjovagge und in östliche Richtung zur **25 km Kebnekaise Fjällstation**, STF. Telefon. Skifahren. 19 km bis Nikkaluokta. Telefon. Busverbindung nach Kiruna.
Alternative: Von Kuoperjåkka nach Süden bis **6 km Singi**, STF. Nottelefon. Von da aus in östliche Richtung durch Ladtjovagge 4 km, danach gleicher Weg wie oben beschrieben.

Katterjåkk - Alesjaure
44 km
BD 6

Katterjåkk-Unna Allakas-Alesjaure: Markierter Winterweg..
Startpunkt: Katterjåkk. Telefon. Anschluß an öffentliches Straßennetz und Eisenbahn.
1. Tag: In südwestliche Richtung auf der östlichen Seite des Katterjaure. Der Pfad führt an der norwegischen Grenze entlang bis 11 km Stuor Kärpel Rasthütte. Von der Hütte weiter auf dem Weg entlang der Ostseite des Sees 1.016 zum See 946, über die Watstelle zur Rasthütte Valfojåkka auf der Südseite des Sees 946. Weiter in südöstliche Richtung und am östlichen Hang des Skankaläpme an den Gruben bei Sjangeli (stillgelegt) vorbei. Bergab die letzten 4 km in südwestliche Richtung bis **30 km Unna Allakas**, STF.
2. Tag: In östliche Richtung zwischen Unna Allakas und Stuor Allakas hindurch. Danach in südsüdöstliche Richtung bis **14 km Alesjaure**, STF. Nottelefon. Proviantverkauf.

Das Fjäll um Kiruna **33**

Kebnekaise - Vakkotavare
48 km
BD 8

Kebnekaise-Vakkotavare: Teilweise markierter Winterweg.
Startpunkt: Kebnekaise Fjällstation, STF. Telefon. Bus von Kiruna nach Nikkaluokta, von dort Skispur, 19 km bis Kebnekaise Fjällstation.
1. Tag: Westlich durch Ladtjovagge bis zur Gabelung 10 km. Von dort in südwestliche Richtung bergan zwischen Unna Jertatj und Liddopakte und hinab ins Tjäktavagge. Weiter nach Süden, entlang dem Tjäktjajåkka markierter Winterweg bis **24 km Kaitumjaure**, STF. Nottelefon.
Alternative: Ab der Gabelung in westliche Richtung bis **4 km Singi**, STF. Von dort nach Süden, markierter Winterweg bis **17 km Kaitumjaure**, STF.
2. Tag: In südwestlicher Richtung überquert man die Wasserscheide zwischen den Tälern Kaitum- und Teusadalarna bis **9 km Teusajaure**, STF. Nottelefon. Über Teusajaure und weiter südlich hinauf auf das Hochgebirgsplateau zwischen Nieras und Kallaktjåkka bis **24 km Vakkotavare** (Achtung! Die Hütte ist nur in der Hauptsaison geöffnet). Von hier Busverbindungen nach Kebnats und Gällivare.

Wandertouren

Abisko - Kebnekaise
Alt. A 85 km
Alt. B 83 km
BD 6

Abisko-Kebnekaise: Alternative A markierter Weg. Alternative B teilweise nicht markiert.
Startpunkt: Abisko Touriststation, STF. Telefon. Post. Angeschlossen an das öffentliche Straßennetz und die Eisenbahn.
1. Tag: In südwestliche Richtung durch den Abisko Nationalpark entlang dem Abiskojåkka bis **15 km Abiskojaure**, STF. Nottelefon am Leitungsmast 239.
2. Tag: In südliche Richtung zwischen Adnetjårro und Kartinvare, weiter in südwestliche Richtung westlich der Alesjaureseen bis **20 km Alesjaure**, STF. Nottelefon. Proviantverkauf.
Alternative A: über Sälka
3. Tag: In südliche Richtung durch das Tal Alesvagge bis **13 km Tjäktja**, STF.
4. Tag: Weiter nach Süden vorbei an der Rasthütte auf dem Tjäktjapaß und hinab nach **12 km Sälka**, STF. Nottelefon. Proviantverkauf.
5. Tag: Südlich durch Tjäktjavagge über die Brücke über den Kuoperjåkka vorbei an der Rasthütte, 6 km, weiter nach Süden bis **12 km Singi**, STF. Nottelefon.
6. Tag: Von Singi nach Osten bis **14 km Kebnekaise Fjällstation**, STF.
Alternative B: über Vistas
3. Tag: Weiter in südliche Richtung bis Tjatjaurek und in südliche Richtung durch das obere Vistastal, Övre Vistasvagge, bis **18 km Vistas**, STF. Nottelefon.
4. Tag: Über die Brücke über den Vistasjåkka, nach Süden auf dem markierten Pfad bis zur 12 km Rasthütte im Kaskasavagge. Ab da unmarkiert, nach Süden auf den Tjeuralako hinauf bis **22 km Tarfala**, STF.
5. Tag: Bis **8 km Kebnekaise Fjällstation**, STF. Telefon. Nach Nikkaluokta, 19 km, über Wanderweg und per Boot. Telefon. Busverbindungen nach Kiruna.

Kebnekaise - Vakkotavare
48 km
BD 8

Kebnekaise-Vakkotavare: Markierter Sommerweg.
Startpunkt: Kebnekaise Fjällstation, STF. Telefon. Wanderung, Boot und Busverbindung nach Kiruna.
1. Tag: Nach Westen durch das Tal Ladtjovagge zur Weggabelung 10 km. Von dort in südwestlicher Richtung bergan zwischen Unna Jertatj und Liddopakte und bergab in das Tjäktjavagge. Weiter nach Süden entlang dem Tjäktjajåkka, der der über ein Brücke überquert wird, bis **24 km Kaitumjaure**, STF. Nottelefon. Proviantverkauf.

2. Tag: Kurze Tagestour in südwestliche Richtung über die Wasserscheide von Kaitumjaure und Teusajaure bis **9 km Teusajaure**, STF. Möglichkeit für kurze Abstecher in die schöne Umgebung mit besonders reicher Fjällflora. Zu bestimmten Zeiten bestehen Möglichkeiten für Ausflüge mit einem Motorboot.

3. Tag: 1 km über den Teusajaure rudern, weiter in südliche Richtung über das Hochgebirgsplateau (930 m), zwischen den Gebirgsmassiven Nieras und Kappertjåkko hindurch bis **15 km Vakkotavare**, STF. Busverbindung nach Ritsem und Gällivare, sowie an bestimmten Tagen nach Sitasjaure.

Kebnekaise - Sitasjaure
58 km
BD 8

Kebnekaise-Sitasjaure: Teilweise markierter Weg.

Startpunkt: Kebnekaise Fjällstation, STF. Telefon. Wander-, Boots- und Busverbindungen nach Kiruna.

1. Tag: In westliche Richtung durch Ladtjvagge bis **14 km Singi**, STF. Nottelefon.

2. Tag: In nördliche Richtung 2 km über den Kungsleden, danach über die Brücke über den Tjäktjajåkka. In nordwestliche Richtung über einen nicht markierten Weg das Tal Näsketvagge hinauf. Danach nördliche des Rautasjåkka bis **25 km Hukejaure**, STF. Nottelefon.

3. Tag: Nach Süden östlich des Kaisejaure, in südwestliche Richtung über den Nordhang des Littevare. Brücke über den Ainajåkka und weiter in derselben Richtung bis zum Sitasjaure, über den künstlichen Damm bis **19 km Sitasjaure**. STF. An bestimmten Tagen Busverbindungen nach Ritsem und Gällivare.

Fjällstationen

Abisko Turiststation
980 24 Abisko
Tel. 0980-400 00
BD 6, 30 I

Abisko Turiststation liegt in einer fantastischen Fjällandschaft im Abisko Nationalpark, die sich hervorragend für Streifzüge und Kurztouren eignet. Hier fängt der Kungsleden an.

Im Süden liegt die markante Silhouette der »Lapporten« (Lappenpforte). Im Sommer sind die reiche Flora, Bootstouren auf dem Torneträsk und die Schlucht des Abikojåkka in der Nähe der Gebäude die Hauptattraktionen.

Die Mitternachtssonne ist vom Gipfel des Njulla sichtbar vom 31.5. bis zum 16.7., von der Touriststation vom 13.6. bis zum 4.7.

Der Sessellift, Höhenunterschied 500 m auf einer Länge von 2.000 m, erlaubt einen Ausflug auf den Gipfel des Njulla oberhalb der Baumgrenze.

In Abisko ist im sog. **Naturum** (»Naturraum«) eine Ausstellung über den Abisko Nationalpark und dessen Geologie, Flora, Fauna, Klima usw. eingerichtet worden. Im selben Gebäude befinden sich ein Konferenzsaal und ein Lebensmittelgeschäft, das Ausrüstungsgegenstände und Souvenirs führt.

Abisko Turiststation ist an die Eisenbahn und die Straße Riksväg 98 (Bushalteplatz) zwischen Kiruna und Narvik angeschlossen. Reisedauer mit dem Zug von Stockholm 19, von Göteborg 25 und von Malmö 27 Stunden. Flug Stockholm - Kiruna dauert 2 Stunden.

Abisko Turiststation verfügt über 300 Betten in Zimmern und Ferienhäusern. Hauptgebäude, 95 Betten (Doppel- und Einzelzimmer). Herren-, Damensauna. Dusche, WC auf den Fluren. Speisesaal mit Ausblick auf das Fjäll und den See Torneträsk. Voll- und Halbpension. Aufenthaltsraum, Lesesaal. Ausschanklizenz für Bier und Wein.

14 Ferienhäuser beherbergen 28 geräu-

mige Appartements. Jedes Appartement hat einen goßen Wohnraum mit 2 Extrabetten, Kochnische, Dusche und WC, Trockenschrank und in der oberen Etage 2 Schlafzimmer mit je 2 Betten.

Der Anbau Keron hat 92 Betten in Zwei- und Vierbettzimmern, alle mit extra Schlafsofa. Herren-, Damensauna, Trockenraum. Küche und Speisesaal für Selbstversorger.

Der Zeltplatz mit dem dazugehörenden Servicehaus, mit Küche für Selbstversorger, Dusche und WC, steht Campern zur Verfügung. Zahlreiche Parkplätze.

Während der Hauptsaison werden angeboten: Touren mit Bergführer. Im Winter: Tourenski oder Hochgebirgstouren, Haute Route, Trainigsläufe. Kinderbegleiter während eines Teils der Saison. Im Sommer: Bootstouren auf dem Tornetråsk, Höhlenwanderungen und Orientierungsläufe.

Öffnungszeiten: Hauptgebäude, Restaurant 5.3. - 8.5., 1.6. - 18.9. auch für Gruppen. Feriendorf, Anbau Keron: 27.2.- 30.9.

Kebnekaise Fjällstation
981 29 Kiruna
Tel. 0980-181 84
BD 6, 8

Kebnekaise Fjällstation liegt 690 m ü.d.M. im Tal Ladtjodalen mit mehreren Zweitausendern des schwedischen Gebirges in der Nähe. Der Kungsleden nach Abikso im Norden führt und nach Saltoluokta im Süden (ca. 5 bzw. 4 Tage).

Die Fjällstation liegt etwa 19 km von der nächsten Straße bei Nikkaluokta entfernt. Von dort bestehen täglich Busverbindungen nach Kiruna. In Nikkaluokta bestehen Übernachtungsmöglichkeiten, und es gibt dort ein Restaurant. Reisedauer mit Zug und Bus von Stockholm nach Nikkaluokta 19, von Göteborg 25 und Malmö 27 Stunden. Flug Stockholm - Kiruna 2 Stunden.

Auf einer Wanderung von Nikkaluokta nach Kebnekaise muß man eine 5 km lange Bootstour über den See Ladtjojaure unternehmen. Im Winter stehen Schneeskooter zur Verfügung.

Die Fjällstation besteht aus dem Hauptgebäude und den 3 Nebengebäuden Skarta, Tuolpa und Gorni, 160 Betten. Im Hauptgebäude Restaurant mit Ausschanklizenz für Bier und Wein. Auch Einrichtungen für Selbstversorger. Aufenthaltsraum. Hütte Jägarn, ganzjährig geöffnet, mit elektrischer Heizung, Kochplatten und Plumpsklo. Kein fließendes Wasser. Nottelefon. Servicehaus für Camper mit Küche, Dusche und WC. Trockenraum.

Bergführer stehen für Gipfeltouren, Bergsteigen, Gletscherwanderungen und botanische Exkursionen zur Verfügung. Im Sommer kann man Schwedens höchsten Berg, den Kebnekaise mit 2.117 m ü.d.M., in Begleitung eines Führers über die östliche Flanke besteigen. Im Winter werden Haute Route und Gipfelwanderungen arrangiert, alpine Ausrüstung kann gemietet werden.

Öffnungszeiten: 18.6.-11.9. und 4.3.-15.5.

STF-Hütten

Die Angaben für den Zeitraum, in dem die Hütten bewirtschaftet sind, können nur ungefähr sein, da Wind und Wetter den Wirt daran hindern können, die Hütte rechtzeitig zu erreichen, bzw. ihn drängen, die Saison eher zu beenden und die Hütte früher als vorgesehen zu verlassen.

Flaschengas ist nur solange vorhanden, wie ein Wirt anwesend ist.

Die Kartenangaben beziehen sich auf die »Fjällkarta«. Die Entfernungsangaben sind auf der Karte gemessen und nur ungefähre Richtwerte.

Abisko
Lappland
385 m ü.d.M.
BD 6, 30 I

Abisko Touriststation, siehe S.35. Für den Fall, daß die Touriststation geschlossen ist, wird verwiesen auf Tel. 0980-400 00 oder 08-79 03 1 00.

Entfernungen: Abiskojaure 15 km SW. Jieprenjåkk 11 km NW (Boot). Kårsavagge 14 km W. Pålnoviken 17 km NW (Boot). Rautasjaure 26 km SW (über die Lapporten). Snurijåkk 13 km N (Boot).

Abiskojaure
Lappland
490 m ü.d.M.
BD 6, 30 I
Am Kungsleden zwischen Abisko und Kebnekaise, am südwestlichen Ende des Sees Abiskojaure im Abisko Nationalpark. Nottelefon. Bewirtschaftet: 29.2. - 15.5. und 20.6. - 25.9.
1 Hütte mit zwei Räumen. Einer mit vier Betten (8 Personen), ganzjährig geöffnet, einer für Camper und Tagesbesucher.
2 Hütte mit 41 Betten sowie Tagesraum.
3 Hütte mit zwei Schlafräumen, jeweils 6 Betten.
4 Hütte mit 3 Betten.
5 Hütte des Wirts.
Ausflüge: Kårsatjåkka 1.300 m ü.d.M., 12 km NW, 5 Stunden. Råvvetievvakåtorna, 14 km SW, 5 Stunden. Tjåmuhas 14 km (geowissenschaftlich interessant).
Entfernungen: Abisko 15 km NW. Alesjaure 20 km SW. Unna Allakas 24 km SW. Rautasjaure 30 km SO.

Alesjaure
Lappland
780 m ü.d.M.
BD 6
Am Kungsleden zwischen Abisko und Kebnekaise an der Mündung des Alesätnos in den See Alesjaure. Proviantverkauf. Nottelefon. Bewirtschaftet: 29.2. - 22.5., 20.6. - 25.9.
1 Drei Hütten mit jeweils 26 Betten.
2 Nothütte mit zwei Zimmern, 4 Betten jeweils. Nottelefon. Das ganze Jahr über geöffnet.
3 Wirtschaftshütte mit Wirtsraum, Proviantverkauf, Aufenthaltsraum.
4 Sauna.
Ausflüge: Kåtojåkka-Gletscher, Kåtojåkka Gipfel.
Entfernungen: Abiskojaure 20 km NO. Nallo (über den See 1078) 19 km S. Vistas 18 km SO. Tjäktja 13 km SW. Unna Allaks 14 km NW. Sälka 25 km S.

Hukejaure
Lappland
872 m ü.d.M.
BD 6, 8, 29 GH
Am südlichen Ende des Sees Hukejaure, am südöstlichen Ufer. 5 km südöstlich des Grenzsteines Ivarsten. Nottelefon. Hüttenwirt 21.3. - 15.5., 4.7. - 28.8.
1 Kote mit Herd.
2 Hütte mit zwei Räumen und jeweils 10 Betten. Eine Hütte ist während des ganzen Jahres geöffnet. Wirtsraum.
Entfernungen: Sitasjaure 19 km SW. Singi 25 km SO. Sälka 25 km O. Gautelistua (Norwegen, verschlossen!) 15 km NW.

Jieprenjåkk
Lappland
360 m ü.d.M.
BD 6
Am nördlichen Ufer des Torneträsk gegenüber der Abisko Touriststation.
1 Kote mit offener Feuerstelle.
2 Hütte mit zwei Räumen und jeweils 4 Betten. Während des ganzen Jahres geöffnet.
Ausflüge: Botanisch interessantes Gelände. Kalkhaltiger Boden an verschiedenen Stellen.
Entfernungen: Abisko 11 km SW (Boot).

Kaitumjaure
Lappland
600 m ü.d.M.
BD 8
Am Kungsleden zwischen Kebnekaise und Vakkotavare am westlichen Ende des Sees Padje-Kaitumjaure. Proviantverkauf. Nottelefon. Hüttenwirt. 14.3. - 8.5., 20.6. - 18.9.
1 Kote mit offener Feuerstelle.
2 Hütte mit zwei Räumen und jeweils 6 Betten.
3 Hütte mit drei Schlafräumen, 8, 6, und 4 Betten jeweils, sowie Aufenthaltsraum. Ein Raum ist während des ganzen Jahres geöffnet.

4 Proviantverkaufshütte mit Wirtsraum.
Ausflüge: Sangartjåkka, 1.580 m ü.d.M., 5 Stunden. Livamtjåkka, 1.481 m ü.d.M., 6 Stunden. Läipetjåkka, 1.280 m ü.d.M., 5 Stunden.
Entfernungen: Singi 13 km N. Teusajaure 9 km SW.

Kebnekaise
Lappland
690 m ü.d.M.
BD 6, 8
Die Hütte gehört zur Kebnekaise Fjällstation (siehe dort). Drei Räume mit insgesamt 16 Betten. Für Selbstversorger zugänglich während des ganzen Jahres. Strom. Wenn die Turiststation nicht bewirtschaftet ist, befindet sich in der Hütte ein Nottelefon. Während der Saison muß man sich bei der Rezeption anmelden.
Entfernungen: Gipfel des Kebnekaise über Vierramvare - »Västra Leden« (Westliche Tour) - 10 km NW. Singi 14 km W. Tarfala 8 km N. Nikkaluokta 19 km O. Sälka 25 km NW.

Kebnekaise Gipfel
Lappland
1.880 m ü.d.M.
BD 6
Hütte auf der Südseite des Südgipfels. Ein Raum mit fünf Pritschen (10 Personen). Während des ganzen Jahres geöffnet. Gaskocher für Gaskartuschen des Typs 2202, die man während der Saison in den Turiststationen von Kebnekaise und Sälka kaufen kann.
Entfernungen: Kebnekaise Fjällstation über Vierramvare - »Västra Leden« (Westliche Tour) - 10 km SO. Singi 13 km SW.

Kieron
Lappland
680 m ü.d.M.
BD 6
Sie liegt unmittelbar östlich des Kungsleden an der Strecke Abisko - Kebnekaise, südlich des Bachs Siellajåkka im Schnittpunkt der Täler Siellavagge und Kartinvagge. Ein Raum mit vier Betten. **Achtung! Die Hütte ist abgesperrt.** Schlüssel können beim Hüttenwirt in Abiskojaure und Alesjaure gegen ein Pfandgebühr von zwei Übernachtungstarifen pro Person ausgeliehen werden. Die Schlüssel werden in Alesjaure oder Abiskojaure zurückgegeben, wo auch die Pfandgebühr zurückgezahlt wird.
Entfernungen: Abiskojaure 5 km N. Alesjaure 15 km SW. Abisko 20 km NO.

Kårsavaggekåtan
Lappland
690 m ü.d.M.
BD 6
In der Nähe des Gletschers Kårsavaggejökeln am Westufer des Sees Övre Kårsvaggesjön. Ausstattung fehlt. Die Kote wird nicht bewirtschaftet.
Entfernungen: Kårsavagge 5 km SO.

Kårsavagge
Lappland
690 m ü.d.M.
BD 6
Hütte am Nordufer des westlichen Endes des Sees Kaskamus Kårsavaggejaure. Zwei Räume mit 4 bzw. 6 Betten. Während des ganzen Jahres geöffnet. Hüttenwirtshütte. Bewirtschaftet: 21.3. - 1.5., 11.7. - 21.8.
Ausflüge: Kårsajökeln, ein erforschter Gletscher mit deutlichen Endmoränen und einem schönen Delta.
Entfernungen: Abisko 14 km O. Låktatjåkka Bahnhof 17 km NW. Låktatjåkka 9 km NW.

Mårma
Lappland
1.160 m ü.d.M.
BD 6
Hütte zwischen Rautasjaure und Vistas, östlich des Mårmapakte und Höktopparna. Ein Raum mit zwei Pritschen (4 Personen). Während des ganzen Jahres geöffnet. Kamin und Brennstoff fehlen.
Entfernungen: Rautasjaure 20 km NO. Vistas 14 km SW.

Nallo
Lappland
915 m ü.d.M.
BD 6
Im Tal Stuor Räitavagge zwischen Vistas und Sälka. Rentierfanggatter in nord-südlicher Ausdehnung. Hütte mit zwei Räumen und jeweils 10 Betten. Einer ist während des ganzen Jahres geöffnet. Wirtsraum. Nottelefon. Bewirtschaftet: 14.3. - 8.5., 11.7. - 11.9.
Entfernungen: Alesjaure (über den See 1078) 19 km NW. Tjäktja 9 km NW. Sälka 10 km W. Unna Räita 7 km SO.

Pallenvagge
Lappland
980 m ü.d.M.
BD 6
Kote in Pallenvagge, dem Tal zwischen Pallentjåkka und Tjåmuhas. Kochtöpfe, Herd. STF versorgt die Hütte nicht mit Brennmaterial. In der Umgebung keines zu finden. Nicht bewirtschaftet.
Entfernungen: Abisko 10 km N.

Pålnoviken
Lappland
345 m ü.d.M.
BD 6, 30 I
Hütte am Nordwestufer des Torneträsk. Ein Raum mit sechs Betten. Nottelefon in dem Häuschen neben der Hütte.
Ausflüge: Sördalskanjon, Dreiländereck »Treriksröset«.
Entfernungen: Tornehamn 9 km S. Abisko 17 km SO (Boot). Lappjordhytta (Norwegen, abgeschlossen) 2 km N.

Rautasjaure
Lappland
565 m ü.d.M.
BD 6
Kote mit Schuppen am Nordwestufer des Rautasjaure, 500 m östlich der Mündung des Baches Kålkasjåkka. Herd. STF versorgt die Hütte nicht mit Brennmaterial. Versorgungsmöglichkeit in der Umgebung.
Entfernungen: Abisko 26 km NW. Mårma 20 km SW. Abiskojaure 30 km NW. Kaisepakte Bahnhof 22 km NO.

Singi
Lappland
720 m ü.d.M.
BD 6, 8
Hütten am Kungsleden auf dem Streckenabschnitt zwischen Abisko und Vakkotavare. Im Schnittpunkt der Täler Ladtjovagge und Tjäktjavagge. Nottelefon. Bewirtschaftet: 7.3. - 15.5., 27.6. - 18.9.
1 Hütte (prismenförmig) mit 2 Betten für 4 Personen.
2 Hütte mit zwei Räumen und jeweils 9 Betten (18 Personen). Ein Raum ist während des ganzen Jahres geöffnet.
3 Hütte mit drei Schlafräumen, insgesamt 18 Betten sowie eine mit dem Aufenthaltsraum kombinierte Küche.
4 Hütte mit zwei 10-Bett-Räumen.
Ausflüge: Järta- und Liddojaure, Angeln, 12 km, 4 Stunden. Näsketvagge und Matertjåkka 1.268 m ü.d.M., 8 km, 3 Stunden.
Entfernungen: Kebnekaise 14 km O. Kaitumjaure 13 km S. Hukejaure 25 km NW. Sälka 12 km W.

Sitasjaure
Lappland
620 m ü.d.M.
29 GH
Am Südufer des Sitasjaure am Weg von Ritsem nach Sälka. Bewirtschaftet: 21.3. - 8.5., 27.6. - 11.9.
1 Hütte mit zwei Räumen mit 6 bzw. 4 Betten und Aufenthaltsraum.
2 Hütte mit vier Schlafräumen mit je 8, 6, 4 und 2 Betten sowie Aufenthaltsraum, kombiniert mit einer Küche. Während des ganzen Jahres geöffnet.
Ausflüge: Alitåive 1.488 m ü.d.M. mit Gletscher 17 km NW, 5 Stunden. Lithijokka Wasserfall 8 km NO, 3 Stunden.
Entfernungen: Ritsem 22 km S. Hukejaure 19 km NO.

Snurijåkk
Lappland
580 m ü.d.M.
BD 6
Kote mit Schuppen nördlich des Torneträsk, 2 km nördlich der Mündung des

Das Fjäll um Kiruna **39**

Snurijokka in den Torneträsk. Herd. STF versorgt die Hütte nicht mit Brennmaterial. Versorgungsmöglichkeit in der Umgebung. Aufgrund der Lage in dem Gebiet, das die Rentiere zum Kalben aufsuchen, darf die Hütte vom 1.5. - 10.6. von Touristen nicht angesteuert werden.
Ausflüge: Höhlen.
Entfernungen: Jieprenjåkk 5 km SO. Pålnoviken 12 km W.

Sälka
Lappland
835 m ü.d.M.
BD 6, 8
Am Kungsleden zwischen Abisko und Kebnekaise, im Schnitt der Täler Tjäktjavagge und Räitavagge. Rentierfanggatter. Proviantverkauf. Bewirtschaftet: 29.2. - 15.5., 27.6. - 25.9.
1 Hütte - prismenförmig - mit 2 Betten (4 Personen). Während des ganzen Jahres geöffnet.
2 Hütte mit zwei Räumen, jeweils 9 Betten (18 Personen). Ein Raum während des ganzen Jahres geöffnet.
3 Hütte mit zwei Schlafräumen, insgesamt 16 Betten, und kombiniertem Küchen- und Aufenthaltsraum.
4 Hütte mit drei Schlafräumen, insgesamt 18 Betten, und kombiniertem Küchen- und Aufenthaltsraum.
5 Hütte mit Proviantverkauf und Wirtsraum.
Ausflüge: Gipfel des Sälka, 1.910 m ü.d.M., 6 Stunden.
Entfernungen: Singi 12 km S. Kebnekaise 25 km SO. Alesjaure 25 km N. Hukejaure 25 km W. Nallo 10 km NO. Tjäktja 12 km N. Unna Räita 13 km NO.

Tarfala
Lappland
1.180 m ü.d.M.
BD 6
Hütten im Tarfalatal am Südufer des Sees Tarfalasjö, Massiv Kebnekaise. Bewirtschaftet: 14.3. - 8.5., 27.6. - 28.8.
1 Hütte mit vier Schlafräumen, drei mit je 4 Betten, und ein Aufenthaltsraum.
2 Hüttenwirtshütte mit Notraum.
Ausflüge: Tarfalatjåkka 1.904 m ü.d.M.. Kebnetjåkka 1.769 m ü.d.M. Kaskasatjåkka, Eisfallgletscher.
Entfernungen: Kebnekaise 8 km S. Kaskasavagge 10 km NO. Nikkaluokta 24 km SO. Unna Räita 13 km NW.

Teusajaure
Lappland
525 m ü.d.M.
BD 8
Drei Hütten am Nordufer des Sees Teusajaure am Kungsleden zwischen Kebnekaise und Saltoluokta. Nottelefon. Ruderboot. Bewirtschaftet: 21.3. - 1.5., 27.6. - 4.9.
1 Hütte mit zwei Räumen und jeweils 6 Betten. Einer während des ganzen Jahres geöffnet.
2 Hütte mit drei Schlafräumen, jeweils 18 Betten, kombinierter Küchen- und Aufenthaltsraum. Wirtsraum.
3 Hüttenwirtshütte.
Entfernungen: Kaitumjaure 9 km NO. Vakkotavare 15 km S, davon ein Kilometer mit dem Boot über den Teusajaure. Boot- und Bustransfer im Sommer, siehe auch »Verkehr im Fjäll«.

Tjäktja
Lappland
1.000 m ü.d.M.
BD 6
Hütten am Kungsleden zwischen Abisko und Kebnekaise. Nottelefon. Bewirtschaftet: 14.3. - 15.5., 27.6. - 18.9.
1 Hütte mit vier Schlafräumen, drei mit jeweils 4 Betten und einer mit 8 Betten sowie ein Aufenthaltsraum. Geöffnet.
2 Hüttenwirtshütte mit Notraum.
Entfernungen: Sälka 12 km S. Alesjaure 13 km NO. Nallo 9 km SO. Tjäktjapaß 3 km S.

Unna Allakas
Lappland
720 m ü.d.M.
BD 6
Zwei Hütten in der Nähe des Grenzsteins 263 an der Grenze zu Norwegen. Nottelefon. Bewirtschaftet: 14.3. - 22.5., 11.7. - 4.9.

1 Hüttenwirtshütte. Nicht im Besitz des STF, aber zu seiner Verfügung.
2 Hütte mit drei Schlafräumen, insgesamt 18 Betten mit kombiniertem Küchen- und Aufenthaltsraum. Ein Raum ist während des ganzen Jahres geöffnet.
Ausflüge: Altes Sjangeli-Kupferbergwerk, 8 km, 4 Stunden. Ruovsjujåkka, 10 km, 5 Stunden.
Entfernungen: Abiskojaure 24 km NO. Alesjaure 14 km SO. Riksgränsen 30 km NO. Bokholmen (Norwegen) 35 km W. Cunojavrre (Norwegen) 7 km W.

Unna Räitavagge
Lappland
1.260 m ü.d.M.
BD 6

Hütte auf der Südseite des Räitatjåkka, am Ostufer eines kleinen Sees am Oberlauf des Unna Räitajåkka oberhalb eines etwa 100 m hohen Wasserfalls. Ein Raum mit zwei Pritschen (4 Personen). Während des ganzen Jahres geöffnet. Herd. STF versorgt die Hütte nicht mit Brennmaterial, das auch nicht aus der Umgebung zu beziehen ist.
Entfernungen: Sälka 13 km SW. Vistas 16 km NO. Nallo 7 km NW. Tarfala 13 km SO.

Vakkotavare
Lappland
440 m ü.d.M.
BD 8

Am Nordufer des Sees Akkajaure im Nationalpark Stora Sjöfallet, in der Nähe der für Postbusse offenen Straße von Suorva nach Ritsem. Busverbindungen nach Suorva und Ritsem, an bestimmten Tagen im Sommer auch nach Sitasjaure, siehe »Verkehr im Fjäll«. Hütte mit drei Schlafräumen, 10, 6 und 4 Betten, Aufenthaltsraum. Bewirtschaftet: 21.3. - 1.5., 4.7. - 21.8. Sonst geschlossen.
Achtung! Diese Hütte hat keinen Notraum!
Entfernungen: Suorva 9 km SO. Ritsem 33 km NW. Teusajaure 15 km N, davon einen Kilometer mit dem Boot über den Teusajaure.

Vistas
Lappland
590 m ü.d.M.
BD 6

Im Tal Vistasvagge am Weg von Alesjaure nach Nikkaluokta. Am Nordostufer des Vistajåkka genau gegenüber der Mündung des Stuor Räitajåkka in den Vistasjåkka. Nottelefon. Bewirtschaftet: 7.3. - 8.5., 27.6. - 11.9.
1 Hütte mit zwei Räumen, jeweils 4 und 6 Betten. Während des ganzen Jahres geöffnet.
2 Hütte mit zwei Räumen und jeweils 10 Betten. Wirtsraum.
Entfernungen: Nikkaluokta 34 km SO. Alesjaure 18 km NW. Mårma 14 km NO. Nallo 9 km W. Kaskasavagge 12 km SO.

Andere Hütten in diesem Gebiet

Katterjaure
Lappland
710 m ü.d.M.
BD 6

Hütte am See Katterjaure, südlich von Riksgränsen. Geschlossen. Gehört dem Schwedischen Fjällklub.

Lisas stuga
Lappland
519 m ü.d.M.
BD 6

Hütte auf der westlichen Seite des Vistasjåkka, 10 km südöstlich der Vistashütten. 2 Pritschen, offene Feuerstelle, Brennmaterial in der Umgebung. In schlechtem Zustand.

Låktatjåkkostuga
Lappland
1.228 m ü.d.M.
BD 6

Hütte mit 18 Betten, 11 km von Björkliden und 7 km vom Bahnhof Låktjatjåkka entfernt. Geöffnet von März bis Mai und von Mittsommer (21.6.) bis Anfang September. Eingerichtet für Selbstversorger, aber auch Bewirtung. Sauna. Tel. 0980 - 420 32.

Tjuonajokk
Lappland
577 m ü.d.M.
BD 8
> Die Hütte »Storstugan« mit 12 Betten im Anglercamp am Tjuonajokk. Als Unterkunftsmöglichkeit für Wanderer im Sommer benutzt. Eingerichtet für Selbstversorger. Laden. Sauna. Kanuverleih. Bootsverleih. Angeln. Es gelten STF-Preise für die Übernachtung. Telefon.

Norwegische Hütten

Allgemeine Information zu den Übernachtungsmöglichkeiten im norwegischen Grenzgebiet auf Seite 15.

Cainhavaggehyttene
Nordland Fylke
1.030 m ü.d.M.
N 1431 III
> Hütten am Weg zwischen Cunojavrre und Gautelisstuene. Besitzer **N**, dort befinden sich auch die Schlüssel.
> **1** Hütte mit drei Räumen, 4 Betten, die für 10 Personen ausgestattet ist.
> **2** Anbau mit einem Raum, 2 Betten, Gasofen. Der Herd wird mit Kohle betrieben.
> **Entfernungen:** Cunojavrre 15 k. Gautelis 15 km.

Cunojavrrestua
Nordland Fylke
701 m ü.d.M.
N 1431 II, BD 6,
Sylane 1 : 100.000
> Zwei Hütten am Weg von Allakas nach Losistua. Besitzer **N**, dort befinden sich auch die Schlüssel.
> **1** Alte Hütte mit zwei Räumen, 5 Betten (7 Personen).
> **2** Neue Hütte mit vier Räumen, 6 Betten (12 Personen) sowie 4 einfache Schlafplätze.
> Ofen und Gaskocher.
> **Entfernungen:** Abisko 46 km. Katterat 30 km. Hundalshyttene 17 km. Unna Allakas 4,5 km. Losi 15 km.

Gautelisstuene
Nordland Fylke
852 m ü.d.M.
N 1431 III, 29 GH
> Zwei Hütten am Weg von Hukajaurestugan nach Fjellbu östlich des Sees Gautelisvatn. Besitzer **N**, dort befinden sich auch die Schlüssel.
> **1** Große Hütte mit vier Räumen, 6 Betten (12 Personen) und Dachboden.
> **2** Die kleinere Hütte besteht aus einem Raum mit vier Betten (8 Personen).
> Gewöhnlicher Ofen und Gaskocher.
> **Entfernungen:** Fjellbu (Bus nach Narvik) 30 km. Cainhavaggehyttene 15 km. Hukajaure 15 km.

Hundalsstuene
Nordlands Fylke
715 m ü.d.M.
N 1431 IV,
Fältkarta 30 H, 31 H
> Zwei Hütten am Weg von Katterat nach Cunojavrre, Losi und Beisfjord. Besitzer **DNT/N**. Die Schlüssel befinden sich bei **N**.
> **1** Die große Hütte besteht aus vier Räumen mit 10 Betten (»Lyngstua«).
> **2** Die kleinere Hütte besteht aus einem Raum mit 4 Betten für 8 Personen.
> Gaskocher und gewöhnlicher Ofen.
> **Entfernungen:** Katterat 13 km. Cunojavrre 17 km.

Lappjordhytta
Troms Fylke
600 m ü.d.M.
N 1532 III, BD 6
> Im Tal Sørdalen in der Nähe der schwedischen Grenze und ca. 2 km vom See Torneträsk entfernt. Besitzer **DNT**. Schlüssel bei DNT oder TT.
> **1** Hütte mit zwei Schlafräumen, 10 Betten, und kombiniertem Küchen- und Aufenthaltsraum.
> **2** Hütte mit 4 Betten und Küchen-/Aufenthaltsraum.
> Gaskocher.
> **Entfernungen:** Inset 28 km. Stordalsstuene 27 km. Sørdalen 18 km (man sollte den Weg nach Sørdalen im Winter nicht benutzen).

Losistuene
Nordland Fylke
738 m ü.d.M.
N 1431 III
Hütten am Weg zwischen Allakas und Fjellbu. Besitzer **DNT/N**. Schlüssel bei N.
1 Die große Hütte hat drei Räume mit 8 Betten und zwei Extraplätze.
2 Die kleinere Hütte hat einen Raum mit 2 Betten (4 Personen).
Elektrisches Licht und Ofen befinden sich in beiden Hütten. Von Stationsholmen Weg nach Narvik.
Entfernungen: Fjellbu (Bus nach Narvik) 12 km. Cunojavrre 18 km. Cainhavagge 15 km. Hundalshyttene 24 km.

Oallavagge
Nordland Fylke
N 1431 IV, BD 6
Rasthütte, Windschutz am Weg von Katterat nach Cunojavrre. Ein Raum mit zwei Kojen und Matratzen. Ofen. Besitzer **N**. Geöffnet.

Sitashyttene
Nordland Fylke
715 m ü.d.M.
N 1432 II
Zwei Hütten, die etwa einen Kilometer südlich des Westendes des Sees Sitausjaure liegen. Besitzer **N**. Markierter Weg nach Sör-Skjomen. Die große Hütte besteht aus drei Räumen mit 4 breiten Betten. Ausgestattet für 10 Personen. Die kleine Hütte hat einen Raum mit 2 Betten. Gasherd und Kohleofen.
Entfernungen: Sör-Skjomen 13 km. Gautelisstuene 30 km (Winterweg).

Stordalsstua
Nordland Fylke
488 m ü.d.M.
N 1432 II
Hütten am Weg von Riksgränsen nach Bonnes. Besitzer **TT**. Schlüssel bei Arne Værum, Bonnes, N-9250 Bardu, Tel. (0)89/841 45, DNT oder TT.
1 Ein-Raum-Hütte mit 4 Betten.
2 Hütte mit zwei Schlafräumen mit jeweils 4 Betten sowie Aufenthaltsraum mit 2 Betten. Kombinierter Küchen- und Aufenthaltsraum.
Gaskocher, für den man Kartuschen des Typs 2202 benötigt.
Entfernungen: Bjørnfjell 20 km. Bonnes 12 km.

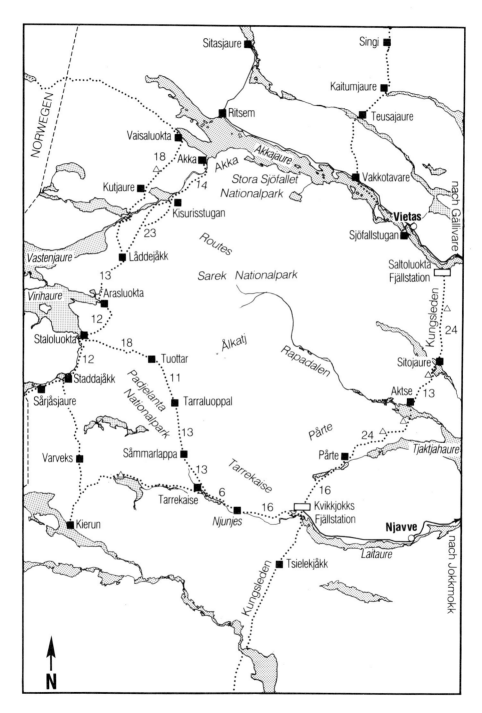

Padjelanta, Sarek, Stora Sjöfallet

Im Gebiet der Kommunen Gällivare und Jokkmokk liegt das größte Nationalparkareal Europas mit einer Fläche von insgesamt 5.232 qkm. Das Gelände ist fast doppelt so groß wie die Ostseeinsel Gotland!

Der Padjelantaweg führt Wanderer und Skifahrer um den Sarek herum durch die Nationalparks Padjelanta und Stora Sjöfallet. Der Kungsleden durchquert die östlichen Gebiete des Sarek zwischen Saltoluokta und Kvikkjokk. In diesem Gebiet liegt das Sulitelma-Massiv, von dem man früher einmal angenommen hatte, es sei Schwedens höchster Gipfel, bis man entdeckte, daß es gar nicht besonders hoch ist und die höchste Spitze des Massivs - Suliskongen, 1.907 m ü.d.M. - sogar in Norwegen liegt.

Sarek

STF erhält jedes Jahr viele Anfragen, die den Sarek und Wanderwege dort betreffen. Dies ist Grund genug, folgende kurzgefaßte Information zu geben.

Der Sarek Nationalpark wurde 1909 in der Absicht gegründet, eine ausgeprägte Hochgebirgslandschaft in ihrem natürlichen Zustand zu bewahren. Wie die anderen Nationalparks wird Sarek vom staatlichen Naturschutzamt SNV verwaltet.

Als Besucher hat man die Pflicht, die Bestimmungen, die in Nationalparks herrschen, zur Kenntniss zu nehmen und zu beachten. Einige Bestimmmungen sind auf der Rückseite der Fjällkarte BD 10, die das gesamte Sarekgebiet abdeckt, aufgelistet. Gewisse Teile des Nationalparks reagieren besonders empfindlich auf Abnutzung und beherbergen eine Tierwelt, die leicht aus dem Gleichgewicht gerät. Ein solcher Teil ist das Tal Rapadal. STF möchte den Besuchern raten, das Rapadal vom Gipfel des Skierfes (1.179 m ü.d.M.) aus zu betrachten. Es ist einer der schönsten Ausblicke in ganz Lappland. Als Einstieg für Wanderungen durch Sarek eignen sich die Hochebenen nördlich des Rapadal. Hier ist die Natur weniger empfindlich.

Im Sarek werden keinerlei Touristeneinrichtungen gebaut. Die Hütten sind Rentierzüchtern und Nationalparkwächtern vorbehalten. Sie sind abgesperrt. Das einzige Nottelefon im Sarek befindet sich bei der Mikkahütte.

Sarek ist eine Hochgebirgslandschaft. Das heißt, es regnet dort deutlich mehr als im übrigen Fjäll. Die großen Niederschlagsmengen bedeuten daher oft auch schlechtestes Wanderwetter. Regen ist normal! Der Mangel an Brücken und Wanderwegen verlangt von den Wanderern viel Erfahrung. Es gibt mehrere, an sich schon schwierige Watstellen. Kleinere Furten können bei länger anhaltendem Regen ziemlich schwierig zu überqueren sein. Man sollte also genügend Erfahrung im Waten und einen ordentlichen Watstab haben, den man von außerhalb des Parkes oder sogar von zu Hause mitbringt.

Wenn man nicht schon Erfahrung auf längeren Hochgebirgswanderungen gemacht hat, ist der Sarek für Anfänger geradezu ungeeignet.

Man braucht ein Zelt und ausreichend Proviant. Außerdem benötigt man Reserveproviant für mindestens drei Tage und Kleider für Winterverhältnisse. Bei einem Aufenthalt im Sarek muß man mit stark wechselndem Wetter rechnen. Mitten im Juni kann es kalt sein und sogar schneien. Mütze, Handschuhe und lange Unterhosen sind ein Muß im Rucksack.

Genaue Angaben über die Zahl der Wanderer, die im Sommer den Sarek besuchen, gibt es nicht. Aber die Zahl steigt und kann auf etwa 2.500 geschätzt werden. Im Winter sind es nur wenige, die sich im Sarek aufhalten. In dieser Zeit übernachtet man im Zelt oder in einem Schneebiwak.

Zum Schluß soll aber noch darauf hingewiesen werden, daß eine Tour im Sarek keine übermenschlichen Leistungen verlangt. Richtig ausgerüstet, mit guter Kondition und genug Zeit, verspricht eine Tour im Sarek großartige Fjällerlebnisse und Einsicht in die Werte, für die die Nationalparks stehen.

Tourenvorschläge

Die Vorschläge sind in Winter- und Sommertouren aufgeteilt und von Norden nach Süden (vgl. Karte) aufgeführt.

In der Umgebung der Hütten liegen oftmals besuchenswerte Ausflugsziele (vgl. auch Hüttenverzeichnis), für die es sich lohnt, einen Tag länger zu bleiben.

Man sollte immer mit einem Reservetag rechnen und die Tour gründlich planen.

Skitouren

Saltoluokta - Kvikkjokk
75 km
BD 10

(Anlegebrücke in Kebnats) - Saltoluokta - Kvikkjokk. Teilweise markierter Winterweg.

1. Tag: Über den künstlichen See Langas. Achtung! Risse und Sprünge entstehen ziemlich leicht durch Wasserstandsregulierungen. Die Überquerung nach Saltoluokta sollte deswegen ausschließlich bei Kebnats geschehen. Ein geeigneter Weg für die Überquerung ist üblicherweise bis zur **STF Saltoluokta Fjällstation** markiert (im Winter dort nur Selbstversorgung). Telefon. Südwärts markierter Winterweg zur 10 km von Saltoluokta entfernt liegenden Rasthütte und weiter bis **20 km Sitojaure**, STF. Nottelefon beim Samenlager Vaggevare.

2. Tag: Über Kaskajaure und Kåbtåjaure, über die Wasserscheide zwischen Sitojaure und Laitjaure bis zum Berghof **Aktse**, STF-Fjällhütte. Nottelefon. Proviantverkauf.

3. Tag: Über den Laitaure nach Süden, anschließend durch den südöstlichen Teil des Sarek bis **24 km Pårte**, STF.

4. Tag: In südwestliche Richtung durch den Wald südlich vom Stuor Tata bis **16 km Kvikkjokk**, Kirchdorf. STF-Fjällstation (im Winter nur Selbstversorger). Telefon. Post. Busverbindung mit Jokkmokk.

Wandertouren

Saltoluokta - Kvikkjokk
73 km
BD 10

Saltoluokta - Kvikkjokk. Markierter Sommerweg.

Startpunkt: Saltoluokta Fjällstation, STF. Post. Buss von Gällivare nach Kebnats. Von dort Tourenboot nach Saltoluokta, von wo auch Bootsverbindungen mit Vietas und Stora Sjöfallet bestehen.

1. Tag: In südliche Richtung über die Gebirgsheide Ultevis bis **20 km Sitajaure**, STF. Nottelefon im Samenlager bei Vaggevare.

2. Tag: 4 km über die Seen Kaskajaure und Kåbtåjaure rudern oder Fährboot benutzen. Wanderung über die Wasserscheide zwischen Sitojaure und Laitjaure bis **13 km Aktse**, Berghof und STF-Fjällstation, Nottelefon. Proviantverkauf.

3. Tag: 3 km Rudern oder Fährbootbenutzung über den See Laitaure. Wanderung in südwestliche Richtung durch das südöstliche Gebiet des Sarek Nationalparks, bis 14 km Rittak, Rasthütte, und weiter bis **24 km Pårte**, STF.

4. Tag: In südwestliche Richtung durch den Wald südlich von Stuor Tata bis **16 km Kvikkjokk**, Kirchdorf. STF-Fjällstation. Telefon. Post. Busverbindung mit Jokkmokk.

Kvikkjokk - Jäkkvik
101 km
27 H, 26 H

Kvikkjokk - Jäkkvik: Markierter Sommerweg.

Startpunkt: Kvikkjokk, Kirchdorf, STF-Fjällstation. Telefon. Post. Busverbindung mit Jokkmokk.

1. Tag: Fährboot 3 km in südliche Richtung bis Mallenjarka, verlassener Hof, Nottelefon. Danach zuerst in südwestliche Richtung durch Fichtenwald bis **15 km Tsielekjåkk**, STF (bloß zwei Pritschen und kein Brennmaterial).

2. Tag: Nach Südwesten über den Osthang des Siellapuolta und das letzte Stück durch

Wald bis **23 km Västerfjäll**. Höfe. Telefon. Verkauf von Fisch und Angelkarten.

3. Tag: 2 km Boottransfer über den Tjeggelvas. In südwestliche Richtung zunächst durch Wald, danach hinauf über die Fjällheide von Barturte, schließlich nach Süden. Knapp einen Kilometer rudern über den Gåbdok und weiter durch Wald bis **34 km Vuonatjviken**, Hof. Telefon. Verkauf von Fisch und Angelkarten.

4. Tag: 10 km Boottransfer über Riebnes zum Bootsanleger östliche des Riebneskaise. In südwestliche Richtung hinauf auf die Hochebene Tjidtjakvalle bis zum verlassenen Hof Saudal (17 km). Boottransfer über den See Hornavan bis **29 km** Jäkkvik (Die Fährfahrt bestellt man am besten schon in Vuonatjviken), Kirchdorf. Unterkunftsmöglichkeiten. Telefon. Post. Busverbindungen mit Arjeplog bzw. Arvidsjaur.

Vaisaluokta - Staloluokta
62 km
29 GH, 28 G

Vaisaluokta-Staloluokta: Markierter Sommerweg.

Startpunkt: Vaisaluokta, STF-Hütte. Bus von Gällivare bis Ritsem. Von dort Bootsverbindung nach Vaisaluokta.

1. Tag: Nach Süden, östlich des Bachs Svaltjajåkka auf die Fjällheide hinauf, später wieder hinunter bis **18 km Kutjaure**, STF.

2. Tag: Über Brücken über die Wasserläufe Sierperjåkka und Vuojatäno und weiter nach Süden zum Weg, der von Kisuris nach Låddejåkk führt. Darauf bis **19 km Låddejåkk**, STF. Nottelefon.

3. Tag: In südwestliche Richtung zwischen Mulka und Mattåive hindurch, über eine Brücke über den Miellätno bis **13 km Arasluokta**, SNV.

4. Tag: Hinter der Brücke über den Arasjåkkå zunächst in südwestliche, später in südöstliche Richtung auf den Westhängen des Stuor Titer und Unna Titer bis **12 km Staloluokta**, SNV. Nottelefon.

Akka - Staloluokta
60 km
BD 10

Akka-Staloloukta: Markierter Sommerweg.

Startpunkt: Akka, STF. Nottelefon. Bus von Gällivare nach Ritsem, von dort Bootverbindung mit Änonjalme. Ab da sind es noch 2 km Fußweg bis Akka.

1. Tag: Nach Südwesten durch Birkenwald, über eine Brücke und anschließend den Fluß Vuojatätno entlang. Über Brücken über die Bäche Sjnjuftjutisjåkkå und Kisurisjåkkå bis **14 km Kisuris**, SNV. Nottelefon.

2. Tag: Nach Südwesten zunächst weiter parallel zum Vuojatätno, später westlich des Låtatjs hinab zur **13 km Låddejåkk**, SNV. Nottelefon.

3. / 4. Tag: Siehe oben, Vaisaluokta - Staloluokta.

Kvikkjokk - Staloluokta
79 km
BD 10

Kvikkjokk - Staloluokta: Markierter Sommerweg.

Startpunkt: Kvikkjokk, Kirchdorf. STF Fjällstation. Telefon. Post. Busverbindung nach Jokkmokk.

1. Tag: Bootsfahrt nach Westen bis 4 km Bobäcken. Weiter durch Waldgebiet nördlich des Taraätno. Vorbei an Njunjes, Höfe. Bei Pfosten Nr. 250 passiert man ein Telefon (bei Wanderungen in entgegengesetzter Richtung bestellt man hier das Boot für die Fährfahrt von Bobäcken). Weiter bis **16 km Njunjes**, STF.

2. Tag: Auf der Nordseite des Sees Tarraure entlang bis **7 km Tarrekaise**, STF. Weiter nordwestlich bis **19 km Såmmarlappa**, STF. Proviantverkauf im Sommer.

3. Tag: Entlang den Tarraätno nach Norden bis **15 km Tarraluoppal**, SNV. Nottelefon.

4. Tag: In nordnordwestliche Richtung durch ein seenreiches Gelände bis **11 km Tuottar**, SNV.

5. Tag: In nordwestliche Richtung über den

Padjelanta, Sarek, Stora Sjöfallet **47**

Nordhang des Jeltivare. Südlich am Kieddejåkkå entlang, der auf der Brücke bei der Mündung in den Virihaure überquert wird. Weiter bis **18 km Staloluokta**, SNV. Nottelefon. Flugverbindungen mit Kvikkjokk und Vietas.

Staloluokta - Sulitjelma
46 km
28 G, 27 G

Staloluokta - Sulitjelma (Norwegen): Markierter Sommerweg.

Startpunkt: Staloluokta, Samenlager, Hütten, SNV. Nottelefon.

1. Tag: Brücke über den Kieddejåkkå, dann südwestlich ins Tal des Stalojåkkå. Watstelle im Viejejåkkå, östlich des Viejeluopal, bis **12 km Staddajåkk**, SNV. Brücke über den Staddajåkkå und südwestlich den Sårjåsjåkkå entlang bis **18 km Sårjåsjaure**, STF.

2. Tag: Südlich am Sårjåsjaure entlang nach Westen über die Grenze. Durch den Gletscherbach des Kokedalsjökeln (viele Arme) waten, weiter südlich um den Övre Sårjusjaure herum bis zu dessen Südwestende, wo **12 km Sorjushytta** der Sulitjelma Turistforening steht. Danach Gletscherfluß südwestlich des Sorjusjaure zweimal überqueren. Zuerst in nordwestliche Richtung in der Nähe des Ausflusses aus dem Sorjusjaure, danach in südwestliche Richtung. Durch Felsenterrain nach Südwesten, steil hinauf zur Wasserscheide bei Punkt 1.049 und wieder talwärts östlich der Småsorjussjöarna-Seenplatte, am See Duoldagopjaure, vorbei zum Wirtschaftweg, der etwa 700 m südöstlich des Punktes 859 beginnt. Schließlich 2 km steil bergab nach (23 km) Ny Sulitjelma. Von dort führt eine Straße nach **28 km Sulitjelma**. Hotel. Telefon. Post. Busverbindungen nach Fauske.

Kvikkjokk - Pieskehaure,
Sårjåsjaure - Sulitjelma
Alt A 84 km
Alt B 90 km
BD 10, 27 G

Kvikkjokk - Pieskehaure oder **Sårjåsjaure - Sulitjelma (Norwegen)**: Teilweise markierter Weg. Zelt ist notwendig.

Startpunkt: Kvikkjokk, Kirchdorf, STF. Telefon. Post. Busverbindung nach Jokkmokk.

1. Tag: Siehe Tourbeschreibung Kvikkjokk - Staloluokta bis Njunjes. Dann nach Westen nördlich am See Tarraure vorbei bis **7 km Tarrekaise**, STF.

2. Tag: Zwischen dem Berg Tarrekaise und dem Fluß Tarråatno entlang nach Nordwesten über die Brücke zur 5 km Tarraälvshyddan, STF. Nach Westen hinauf ins Tal Kurravagge und nördlich am Kurajaure vorbei zum Rastschutz 4 km Kurajaure.

Alternative A:

3. Tag: Nach Vaimok und in nordwestliche Richtung nördlich um den Punkt 1.144 herum, über das Vaimokvagge, südlich des Sees 928. Weiter über Murannjunje zum Tal des Varvekätno. Nach Westen auf dem Nordhang des Talput bis **29 km Pieskehaure**, Rastschutz, Nottelefon.

4. Tag: Auf dem markierten Weg nach Nordwesten und über Brücken über die Flüße Varvekätno, Laire- und Lairojåkka. Weiter nach Nordwesten zwischen dem Berg Lairo und dem Fluß Lairojåkka über die Grenze, steil hinunter zum Nordufer des Lomivatnet. Dem Ufer auf dem markierten Weg folgen bis **26 km Giken**. Von dort Straße bis **3 km Sulitjelma**. Hotel. Telefon. Post. Busverdingen nach Fauske.

Alternative B:

3. Tag: Nach Vaimok und Nordwesten nördlich am Punkt 1.144 vorbei über Vaimovagge. Weiter nördlich am See 928 vorbei zum See 955 und in das Tal des Varvekätno, dem man auf markierten Weg folgt bis **22 km Varvek**, Landwirtschaftsbehörde.

4. Tag: Nach Norden bis 5 km Hadditjåkkå, durch den gewatet werden muß. Weiter durch das Kailavagge zwischen Jeknaffo und dem Sulitjelmamassiv hindurch. Brücke über den Staddajåkkå und nach Westen bis **26 km Sårjåsjaure**, STF.

5. Tag: Siehe Tourenbeschreibung Staloluokta - Sulitjelma, 2. Tag.

Fjällstationen

Kvikkjokks Fjällstation
960 45 Kvikkjokk
Tel. 0971-21022
BD 10, 27 H

Kvikkjokks Fjällstation liegt 330 m ü.d.M. in dem kleinen idyllischen Kirchdorf an der Mündung des Flusses Kamajåkka in den See Saggat. Der See ist sehr schön gelegen. Von dort geht der Kungsleden nordwärts über Aktse und Saltoluokta zum Kebnekaise und bis nach Abisko, südwärts in Richtung Hemavan. Nach Westen geht durch das Tal Tarradalen ein Weg nach Staloluokta. Für Wanderungen in die Nationalparks Sarek und Padjelanta ist Kvikkjokk ein ausgezeichneter Start- und Endpunkt. Die Täler und das Fjäll um Kvikkjokk sind berühmt für ihre reiche Flora.

Busverbindungen bestehen mit Jokkmokk (130 km), das Anschluß an die »Inlandsbana« - die Nord-Süd-Bahnlinie im Landesinneren - hat, und Murjek mit Anschluß an die Ost-West-Bahnlinie von Boden. Die Reisezeit beträgt von Stockholm 20, Göteborg 30 und Malmö 30 Stunden.

Die Fjällstation besteht aus zwei renovierten Gebäuden mit je 8 Gästezimmern, meist Doppelzimmer mit Extrabett, warmes und kaltes Wasser, Dusche und WC. Außerdem gibt es dort zwei kleine Hütten mit je 4 Betten. Insgesamt stehen 58 Betten zur Verfügung. Mahlzeiten werden angeboten. Einrichtungen für Selbstversorger. In einem der Gebäude befinden sich Speisesaal, Rezeption und einer kleiner Laden mit Kioskangebot, Proviant, Filmen uva. Angelkarten und Angelwochen.
Geöffnet: 22.6. - 4.9.

Saltoluokta Fjällstation
972 00 Gällivare
Tel. 0973-41010
BD 8, 28 J

Die Saltoluokta Fjällstation ist schön gelegen zwischen Baum- und Schneegrenze am Kungsleden und dem Fluß Stora Lulevattnet. Saltoluokta ist ein guter Ausgangspunkt für Touren in den Nationalpark Stora Sjöfallet.

Auf der Nordseite des Sees Langas liegt Kebnats. Großer Parkplatz. Busverbindungen über die Landstraße parallel zum Fluß Stora Lulevattnet nach Ritsem und Gällivare. Zwischen Kebnats und Saltoluokta verkehrt mehrmals täglich das STF - Boot »MF Langas« (18.6. - 11.9.).

Die Reisezeit beträgt von Stockholm 20, Göteborg 28 und Malmö 28 Stunden. Der Flug Stockholm - Gällivare dauert 2,5 Stunden.

Die Fjällstation hat an die 100 Betten, die im gesamten Gebäude auf 2- und 4-Bett-Zimmer verteilt sind. Das Hauptgebäude ist ein ansprechend gemütliches Holzhaus. Kein Gästezimmer hat fließendes Wasser. Das Nebengebäude Ultevis mit 8 Doppelzimmern, kaltem Wasser, Dusche und WC auf dem Flur.

Saltoluokta bietet Halb- und Vollpension an. In drei Gebäuden auch Einrichtungen für Selbstversorger. Im Hauptgebäude befinden sich Speiseraum, Kaminzimmer, Aufenthaltsraum und ein Laden mit Proviantverkauf.

Wanderführer stehen bis Ende August zur Verfügung.

Für Camper steht ein Servicehaus mit Küche, Sauna, Dusche und Trockenraum zur Verfügung.

Fjällkurse finden Ende Juni statt. Unterhaltungsprogramm »Toner i Salto« (Töne im Salto) jedes Wochenende bis zur Musikwoche im August.

Geöffnet: 18.6. - 11.9. (Mahlzeiten bis 6.9., Gruppen können bei Voranmeldung auch später aufgenommen werden).

STF-Hütten

Die Angaben für den Zeitraum, in dem die Hütten bewirtschaftet sind, können nur ungefähr sein, da Wind und Wetter den Wirt daran hindern können, die Hütte rechtzeitig zu erreichen, bzw. ihn drängen, die Saison eher zu beenden und die Hütte früher als vorgesehen zu verlassen.

Flaschengas ist nur solange vorhanden, wie ein Wirt anwesend ist.

Die Kartenangaben beziehen sich auf die »Fjällkarta«. Die Entfernungsangaben sind auf der Karte gemessen und nur ungefähre Richtwerte.

Akka
Lappland
470 m ü.d.M.
BD 10, 29 GH
Hütten zwei Kilometer südlich des Samenlagers Änonjalme. Anleger für das STF-Motorboot auf dem See Akkajaure. Nottelefon. Bewirtschaftet: 21.3. - 8.5., 27.6. - 11.9.
1 Hütte mit zwei 10-Bett-Räumen, einer davon während des ganzen Jahres geöffnet.
2 Hütte mit zwei 10-Bett-Räumen. Wirtsraum.
Ausflüge: Pålnotjåkka 1.098 m ü.d.M., 6 km, 3 Stunden. Akkamassiv, Gipfel Majtoppen 1.628 m ü.d.M., 22 km. Hambergs Gletscher. Eiszeitdelta zwischen Akka und Snjuftjutis.
Entfernungen: Ritsem 10 km (Boot). Vaisaluokta 9 km NW (Boot oder Wanderung). Kisuris 12 km SW.

Aktse
Lappland
550 m ü.d.M.
BD 10, 27 H
Am Kungsleden zwischen Saltoluokta und Kvikkjokk am Nordufer des Laitaure. Provinatverkauf. Nottelefon. Bewirtschaftet: 14.3. - 8.5., 20.6. - 18.9.
1 Hütte mit zwei Schlafräumen, 8 und 6 Betten, sowie Aufenthaltsraum.
2 Hütte mit zwei Räumen, jeweils 10 Betten. Ein Raum ist während des ganzen Jahres geöffnet.
3 Hütte mit Proviantverkauf und Wirtsraum.
Ausflüge: Skierfes 1.179 m ü.d.M., 15 km, 6 Stunden. Porten till Rapadalen (Tor zum Rapatal), vielleicht Schwedens schönste Aussicht. Boot zum Namatj.
Entfernungen: Pårte 24 km SW. Sitojaure 13 km NO.

Arasluokta, SNV
Lappland
584 m ü.d.M.
BD 10
Im Padjelanta Nationalpark an der nordöstlichen Bucht des Sees Virihaure am Weg Akka (- Vaisaluokta) - Staloluokta. Brennmaterial ist nur im Sommer garantiert vorhanden. In der Nähe eine Kirchenkote. Nottelefon. Gehört dem Staatl. Naturschutzamt, SNV.
1 Zwei Hütten mit je 4 Betten, eine geöffnet 1.7. - 1.9., die andere während des ganzen Jahres.
2 Vier Hütten mit je 6 Betten. Eine ganzjährig geöffnet, alle anderen 1.7. - 1.9.
Entfernungen: Låddejåkk 13 km NO. Staloluokta 12 km SW.

Kisuris, SNV
Lappland
580 m ü.d.M.
BD 10, 28 G
Hütten im Padjelanta Nationalpark am Weg Akka - Staloluokta südlich des Zusammenflusses von Kisurisjåkka und Sjnjufjutisjåkkå. Brennmaterial nur im Sommer garantiert. Gehört dem Staatl. Naturschutzamt. Nottelefon.
1 Hütte mit sechs Räumen, fünf mit 4 Betten und einer mit 2 Betten und ein Aufenthaltsraum. Geöffnet 1.7. - 1.9.
2 Zwei Hütten mit je 6 Betten, geöffnet während des ganzen Jahres.
Entfernungen: Akka 14 km NO. Låddejåkk 23 km SW. Kutjaure 9 km W.

Kutjaure
Lappland
580 m ü.d.M.
BD 10, 28 G
Am Weg Vaisaluokta - Staloluokta bei der Brücke über den Sieperjåkka, am Nordufer. Hütte mit zwei Räumen, jeweils 10 Betten. Einer während des ganzen Jahres geöffnet. Wirtsraum. Bewirtschaftet: 28.3. - 8.5., 4.7. - 28.8.

Ausflüge: Stipok: Kalkberg mit eigenartiger Flora. Höhlen.
Entfernungen: Vaisaluokta 18 km NO. Låddejåkk 19 km S. Lisuris 9 km O.

Kvikkjokk
Lappland
330 m ü.d.M.
Bd 10, 27 H
Zwei Hütten, die zur Kvikkjokks Fjällstation gehören. Ein Raum mit 4 Betten in jeder Hütte. Auskunft erteilt Erik Yngvesson, Tel. 0971-21028.
Entfernungen: Pårte 16 km NO. Tsielekjåkk 15 km SW (Boot). Njunjes 16 km W.

Låddejåkk, SNV
Lappland
590 m ü.d.M.
BD 10
Nördlich des Bachs Lådejåkk, 500 m westlich der Brücke am Weg Akka (-Vaisaluokta) - Staloluokta im Padjelanta Nationalpark. Brennmaterial kann nur im Sommer garantiert werden. Gehört dem Staatl. Naturschutzamt (SNV). Nottelefon.
1 Hütte mit 6 Räumen, von denen einer 2 und fünf 4 Betten haben. Außerdem Aufenthaltsraum. Geöffnet: 1.7. - 1.9.
2 Einraumhütte mit 6 Betten. Während des ganzen Jahres geöffnet.
Entfernungen: Arasluokta 13 km SW. Kisuris 23 km NO, Kutjaure 19 km N.

Njunjes
Lappland
440 m ü.d.M.
BD 10
Im Tal Tarradalen am Weg von Kvikkjokk nach Staloluokta. Nottelefon am Pfahl 250. Hütte mit zwei Räumen, 10 Betten in jedem Raum, von denen einer während des ganzen Jahres geöffnet ist. Bewirtschaftet: 28.3. - 8.5., 27.6. - 4.9. Wirtsraum.
Ausflüge: Vuoka 1.248 m ü.d.M., 12 km, 5 Stunden.
Entfernungen: Kvikkjokk 16 km O. Tarrekaise 7 km NW.

Pårte
Lappland
500 m ü.d.M.
BD 10
Am Kungsleden zwischen Saltoluokta und Kvikkjokk am Nordufer des Sjaptjakjaure. Nottelefon. Bewirtschaftet: 14.3. - 8.5., 27.6. - 18.9.
1 Hütte mit zwei Räumen, je 6 Betten.
2 Hütte mit zwei Räumen, je 10 Betten. Wirtsraum.
Ausflüge: Faunåive 1.117 m ü.d.M., 15 km NO, 5 Stunden.
Entfernungen: Kvikkjokk 16 km SW. Aktse 24 km NO.

Ritsem
Lappland
460 m ü.d.M.
29 GH
Am Nordufer des Sees Akkajaure außerhalb des Nationalparks Stora Sjöfallet. Ausgangspunkt für Wanderungen im Nationalpark Padjelanta. Bootsverbindungen mit Akka (Änonjalme) und Vaisaluokta. Postbusverbindung nach Gällivare, 183 km. Siehe »Verkehr im Fjäll«. 40 Betten verteilt auf 14 Räume. Selbstversorger, Duschen, Proviant uva. Angelkarten. Bewirtschaftet: 27.6. - 11.9. Tel. 0973-42030.
Entfernungen: Akka 10 km N (Boot). Sitasjaure 22 km N (Bus). Vaisaluokta 16 km SO (Boot).

Saltoluokta
Lappland
400 m ü.d.M.
BD 8, 28 J
Zwei Hütten, die zu Saltoluoktas Fjällstation gehören. Anmeldung während des Sommers in der Rezeption.
1 »Förarstugan«, ein 6- und ein 4-Bett-Raum, Telefon. Ganzjährig geöffnet.
2 »Gamla Station«, ein 6-Bett-Raum, ein 4-Bett-Raum. Wirtszimmer. Bewirtschaftet: 28.3. - 24.4.
Warnung! Das Eis zwischen Kebnats und Saltoluokta ist manchmal sehr dünn!
Entfernungen: Sjöfallet 12 km NW (Boot). Sitojaure 20 km S.

Sitojaure
Lappland
640 m ü.d.M.
BD 10

Am Kungsleden auf dem Abschnitt Saltoluokta - Kvikkjokk am Nordostufer des Sees Sitojaure. Ruderboot. Bewirtschaftet: 14.3. - 8.5., 27.6. - 28.8.
1 Hütte mit zwei 10-Bett-Räumen und Wirtsraum. Ein Schlafraum ist während des ganzen Jahrs geöffnet.
2 Hütte mit drei 4-Bett-Räumen und drei 2-Bett-Räumen. Trocken- und Aufenthaltsraum.
Entfernungen: Saltoluokta 20 km N. Aktse 13 km SW.

Sjöfallsstugan
Lappland
380 m ü.d.M.
BD 8, 10

Hütte am Stora Sjöfallet im Nationalpark gleichen Namens. Zwei Räume mit je 4 Betten. Geöffnet während des ganzen Jahres. Nottelefon am Anleger etwa einen Kilometer weiter südlich.
Ausflüge: Stora Sjöfallet (»Großer Seefall«) - Wasserkraftwerk und künstlicher Stausee, Bett des ehemaligen Wasserfalls, dem der Nationalpark seinen Namen verdankt. Eisenbahn noch aus der Zeit des Dammbaus.
Entfernungen: Saltoluokta 12 km NO. Vietas 2 km NO.

Staddajåkk, SNV
Lappland
710 m ü.d.M.
27 G

Im Padjelanta Nationalpark auf der östlichen Uferseite des Staddajåkkå an der Brücke auf dem Weg Staloluokta - Sårjåsjaure. Brennmaterial nur während der Sommersaison. Gehört dem staatl. Naturschutzamt, s.S. 12.
2 Hütten mit je 6 Betten. Ganzjährig geöffnet.
Entfernungen: Staloluokta 12 km NO, Sårjåsjaure 6 km W.

Staloluokta, SNV
Lappland
600 m ü.d.M.
BD 10

Im Padjelanta Nationalpark in der Nähe des Samenlagers Staloluokta an der südöstlichen Bucht des Sees Virihaure. Gehört dem staatl. Naturschutzamt, SNV. Proviantverkauf im Samenlager 1.7. - 20.8. Nottelefon. Kirchenkote.
1 Hütte mit zwei Räumen mit je 6 Betten. Einer während des ganzen Jahres geöffnet, einer 1.7. - 1.9. Wasch- und Trockenraum.
2 Gebäude mit sechs Räumen zu je 4 Betten, und ein Wirtsraum.
Geöffnet: 1.7. - 20.8.
Entfernungen: Tuottar 18 km O. Staddajåkk 12 km SW. Sårjåsjaure 18 km SW. Arasluokta 12 km NO.

Såmmarlappa
Lappland
520 m ü.d.M.
BD 10

Nordwestlich des Såmmartjåkkå am Weg von Kvikkjokk nach Staloluokta. Begrenzter Proviantverkauf. Hütten mit drei Schlafräumen, 8, 6, bzw. 4 Betten, und ein kombinierter Küchen- und Aufenthaltsraum. Ganzjährig geöffnet. Wirtsraum. Bewirtschaftet: 14.3. - 8.5., 27.6. - 18.9.
Ausflüge: Måskatjkaise 1.724 m ü.d.M., 14 km. Kåtnjunjesjåkkå, Schlucht, 5 km. Fierrovagge 12 km, 5 Stunden.
Entfernungen: Tarrekaise 13 km SO. Tarraluoppal 15 km N.

Sårjåsjaure
Lappland
820 m ü.d.M.
27 G

»Konsul Perssons Stuga« am See Sårjåsjaure am Weg Staloluokta - Sulitjelma. Vielleicht STF's am schönsten gelegene Hütte. Zwei 4-Bett-Räume während des ganzen Jahres geöffnet. Bettwäsche für 6 Betten. STF versorgt die Hütte nicht mit Brennmaterial, das auch nicht aus der Umgebung zu beziehen ist.

Entfernungen: Staddajåkk 6 km O. Staloluokta 18 km NO. Pieskehaure 32 km S. Sulitjelma (Norwegen) 28 km SW.

Tarraluoppal, SNV
Lappland
705 m ü.d.M.
BD 10
Nördlich des Tarraluoppal am Weg von Kvikkjokk nach Staloluokta, Grenze zwischen den Nationalparks Sarek und Padjelanta. Brennmaterial kann nur in der Sommersaison garantiert werden. Gehört dem Naturschutzamt. Nottelefon. Sechs Hütten mit jeweils 6 Betten. Eine während des ganzen Jahres geöffnet. Die übrigen geöffnet 1.7. - 1.9.
Entfernungen: Såmmarlappa 15 km S. Tuottar 11 km NW.

Tarraälvshyddan
Lappland
510 m ü.d.M.
BD 10
In der Nähe des markierten Weges Kvikkjokk - Staloluokta. Auf der Südseite des Taraätno, 400 m nördlich der Mündung des Kurojåkka. Ein Raum. Ausstattung fehlt. Sie ist unansehnlich, wird aber, als eine der ältesten Hütten des STF, in ihrem ursprünglichen Zustand bewahrt. STF versorgt die Hütte nicht mit Brennmaterial, das aber in der Umgebung zu finden ist. Geöffnet während des ganzen Jahres.
Entfernungen: Tarrekaise 5 km SO. Kurajaure 8 km W.

Tarrekaise
Lappland
510 m ü.d.M.
BD 10
Am Nordufer des Tarraure, am Weg Kvikkjokk - Staloluokta gelegen. Bewirtschaftet: 29.2. - 8.5., 27.6. - 4.9.
1 Hütte mit zwei Räumen, einer mit 4, der andere mit 6 Betten.
2 Hütte mit zwei 10-Bett-Räumen. Einer während des ganzen Jahres geöffnet. Wirtsraum.

Entfernungen: Njunjes 7 km SO. Såmmarlappa 13 km NW. Pieskehaure 43 km W. Vaimok 23 km W.

Tsielekjåkk
Lappland
630 m ü.d.M.
27 H
Am Kungsleden zwischen Kvikkjokk und Jäkkvik auf der Südseite des Tsielekjåkkå, 500 m vom Ufer entfernt. Ein Raum mit zwei Pritschen (4 Personen), ganzjährig geöffnet. STF versorgt die Hütte nicht mit Brennmaterial, das aber in der Umgebung zu finden ist.
Entfernungen: Kvikkjokk 15 km NO. Västerfjäll 23 km SW.

Tuottar, SNV
Lappland
920 m ü.d.M.
BD 10
Am Weg Kvikkjokk - Staloluokta im Padjelanta Nationalpark, auf der Landzunge zwischen Tuottarjaure und Tjekimjaure. Gehört dem Naturschutzamt.
1 Zwei Hütten mit je 4 Betten, geöffnet 1.7. - 1.9.
2 Vier Hütten mit je 6 Betten, geöffnet 1.7. - 1.9. Eine während des ganzen Jahres geöffnet.
Entfernungen: Staloluokta 18 km W. Tarraluoppal 11 km SO.

Vaisaluokta
Lappland
460 m ü.d.M.
29 GH
Samenlager an der westlichen Bucht des Sees Akkajaure. Anleger für das STF-Boot auf dem Akkajaure. Siehe auch »Verkehr im Fjäll«. Hütte neben dem Anleger. Zwei Räume mit je 10 Betten, einer während des ganzen Jahres geöffnet. Bewirtschaftet: 28.3. - 8.5., 4.7 - 21.8. Wirtsraum. Telefon für herausgehende Gespräche am Bach im Vaisaluokta Samenlager.
Entfernungen: Akka 9 km SO (Boot oder Wanderung). Kutjaure 18 km SW. Ritsem 16 km NO (Boot). Hellemobotn (Norwegen) 37 km W.

Sonstige Hütten in Padjelanta, Sarek und Stora Sjöfallet

Varvekstugan
Lappland
790 m ü.d.M.
27 G
> Hütte auf der Ostseite des Varvekätno am Weg Staddajåkk - Pieskehaure. Gehört der Landwirtschaftsbehörde. Rentierzüchter und Arbeitspersonal haben Vortrittsrecht. 4 Betten. Herd. Die übrige Ausrüstung fehlt. Kaum Brennmaterial in der Umgebung vorhanden. In schlechtem Zustand.

Norwegische Hütten

Allgemeine Information über norwegische Hütten siehe Seite 15.

Muorkihytta
Nordland Fylke
730 m ü.d.M.
N 2229 III, 27 G
> Hütten am Südzipfel des Muorkivatnet (Eidevatnet). Besitzer ist **S**. Schlüssel bei Sulitjelma Turist- und Kurssenter, Furulund, N - 8230 Sulitjelma. Brennstoff vorhanden.
> **1** Hütte mit 8 Betten. Zwei Hälften mit je 4 Betten. Eine Hälfte ist während des ganzen Jahres geöffnet.
> **2** Hütte mit 5 Betten. Nicht abgeschlossen.
> Busverbindungen mit Fauske. Hotel.

Ny-Sulitjelma
Nordland Fylke
590 m ü.d.M.
N 2129 II, 27 G
> Eine ehemalige Bergwerkshütte am Weg Sulitjelma - Sorjushytta. Besitzer **S**. Nicht abgeschlossen. Busverbindungen mit Fauske. Hotel. 8 Räume mit insgesamt 20 Betten. Elektrische Heizung. Küche mit Strom und Wasser. Brennstoff vorhanden.

Sorjushytta
Nordland Fylke
830 m ü.d.M.
N 229 III, 27 G
> Hütte am Weg Staloluokta - Sulitjelma. Besitzer **S**. Nicht abgeschlossen. Zwei Räume mit insgesamt 8 Betten. Brennstoff vorhanden.

Das Vindelfjäll

Das Vindelfjäll ist ein sehr großes Naturreservat in Südlappland. Die meisten der im schwedischen Gebirge vorkommenden Naturformen sind auch hier zu finden. Während einer mehrtägigen Wanderung auf dem Kungsleden zwischen Ammarnäs und Hemavan erlebt man baumloses Hochgebirge, Heide, Birkenwälder, Moorgebiete, Seenplatten, Stromschnellen, Wasserfälle und steile, hochalpine Massive. Gleichwohl ist es ein Gelände, in dem das Fortkommen leicht ist.

Tourenvorschläge

Die Vorschläge sind in Winter- und Sommertouren aufgeteilt und von Norden nach Süden (vgl. Karte) aufgeführt.

In der Umgebung der Hütten liegen oftmals besuchenswerte Ausflugsziele (vgl. auch Hüttenverzeichnis), für die es sich lohnt, einen Tag länger zu bleiben.

Man sollte immer einen Reservetag einkalkulieren und die Tour gründlich planen.

Skitouren

Ammarnäs - Hemavan
78 km
AC 2

Ammarnäs - Hemavan: Markierter Winterweg.

Startpunkt: Ammarnäs. Hotel. Telefon. Post. Busverbindung mit Sorsele.

1. Tag: In südwestliche Richtung bis Äivisåive und **8 km Aigert**, STF.

2. Tag: Weiter zunächst in nordwestliche Richtung, dann nach Westen bis **19 km Servejokk**, STF.

3. Tag: Nach Westen bis zum **14 km Tärnasjö**, STF. Nottelefon. Proviantverkauf.

4. Tag: Zur Hütte **14 km Syterstugan**, STF. Nottelefon in südliche Richtung.

5. Tag: In südwestliche Richtung 4 km bis zur Weggabelung. Danach nach Westen durch Norra Storfjället bis **12 km Viterskalet**, STF. Nottelefon. In südwestliche Richtung liegt **9 km Hemavan**. Hotel. Telefon. Busverbindung mit Storuman.

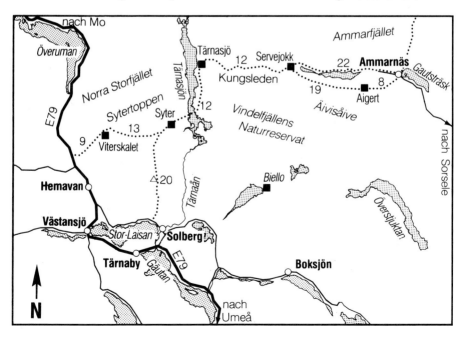

Wandertouren

Jäkkvik - Ammarnäs
79 km
26 H, 25 G

Jäkkvik - Ammarnäs: Markierter Sommerweg.

Startpunkt: Jäkkvik, Kirchdorf. Unterkunftsmöglichkeiten. Telefon. Post. Busverbindungen nach Arjeplog und Arvidsjaur.

1. Tag: Nach Südwesten hinauf über die Fjällheide in den Pieljekaise Nationalpark. Östlich um den Lutaure herum und über die Brücke über den Fluß am Ostende des Sees Lutaure. Durch den Wald bis **27 km Adolfsström**, Dorf. Unterkunftsmöglichkeiten. Telefon. An bestimmten Wochentagen Busverbindungen nach Laisvall, Arjeplog, Arvidsjaur.

2. Tag: Boottransfer über den Iraft nach Westen zum Anleger westlich von Bäverholmen. Nach einigen Kilometern Brücke über den Laisälven, 1 km südlich von Bäverholmen. Alternative: 5 km in nordwestliche Richtung wandern, dann südwestlich zur Brücke über den Laisälven. Anschließend nach Südwesten bis **17 km Svaipavalle Samenlager** und weiter nach Süden bis **22 km Snjultje Samenlager**. Telefon. (Das Samenlager Svaipavalle liegt 1 km westlich des Weges, und die Hütten sind abgesperrt. Man sollte deswegen ein Zelt dabei haben).

3. Tag: Nach Süden über die Grenze zum Västerbottens Län und weiter bis **35 km Ammarnäs.** Hotel. Telefon. Post. Busverbindung nach Sorsele.

Tärnaby - Hemavan
51 km
AC 2

Tärnaby - Syterstugan - Hemavan: Markierter Sommer- und Winterweg.

Startpunkt: Tärnaby. Hotel. Telefon. Post. Busverbindung nach Storuman.

1. Tag: Zunächst in östliche, später in nördliche Richtung auf der Straße bis 8 km Solberg. Von dort aus in nördliche Richtung oberhalb der Baumgrenze unter anderem über den Osthang des Vallentjakke und schließlich nach Westen über Vuokkenase bis **28 km Syterstugan**, STF. Nottelefon.

2. Tag: Zuerst nach Südwesten wieder in Richtung Vuokkenase und weiter nach Westen entlang dem Wasserlauf Syterbäcken bis **12 km Viterskalet**, STF. Nottelefon.

3. Tag: Nach Süden zunächst entlang dem Syterbäcken, später über Örjelmjuone bis **11 km Hemavan**. Hotel. Telefon. Post. Busverbindung über Tärnaby nach Storuman.

STF - Hütten

Die Angaben für den Zeitraum, in denen die Hütten bewirtschaftet sind, können nur ungefähr sein, da Wind und Wetter den Wirt daran hindern können, die Hütte rechtzeitig zu erreichen, bzw. ihn drängen, die Saison eher zu beenden und die Hütte früher als vorgesehen zu verlassen.

Flaschengas ist nur solange vorhanden, wie ein Wirt anwesend ist.

Die Kartenangaben beziehen sich auf die »Fjällkarta«. Die Entfernungsangaben sind auf der Karte gemessen und nur ungefähre Richtwerte.

Aigert
Lappland
750 m ü.d.M.
AC 2
Hütte auf der Nordseite des Äisåive am Kungsleden zwischen Ammarnäs und Hemavan. Drei Räume mit jeweils 4 Betten, ein Raum mit 10 Betten, Aufenthaltsraum, Trockenraum und Wirtsraum. Bewirtschaftet: 7.3. - 8.5., 27.6. - 21.8. Diese Hütte hat keinen Notraum!
Ausflüge: Stor-Aigert 1.101 m ü.d.M., 17 km, 4 Stunden.
Entfernungen: Ammarnäs 8 km O. Serve 19 km W.

Servejokk
Lappland
700 m ü.d.M.
AC 2
Hütten am Kungsleden zwischen Ammarnäs und Hemavan. Nottelefon. Be-

wirtschaftet: 29.2. - 8.5., 27.6. - 4.9.
1 Hütte mit zwei Räumen und je 4 Betten. Ein Raum wird von der Landwirtschaftsbehörde in Anspruch genommen. Ein Raum während des ganzen Jahres geöffnet.
2 Hütten mit 4 Schlafräumen, drei mit jeweils 4 Betten und einer mit 10 Betten, Aufenthaltsraum und Wirtsraum.
Entfernungen: Ammarnäs 22 km O. Aigert 19 km O. Tärnasjö 14 km W.

Syter
Lappland
700 m ü.d.M.
AC 2

Hütten zwischen Ammarnäs und Hemanvan am Kungsleden, 6 km östlich des Sytertoppen. Nottelefon. Bewirtschaftet: 14.3. - 8.5., 27.6. - 4.9.
1 Hütte mit zwei 4-Bett-Räumen, während des ganzen Jahres geöffnet.
2 Hütte mit drei 4-Bett-Räumen, ein Raum mit 10 Betten, Aufenthaltsraum, Trockenraum und Wirtsraum.
Ausflüge: Östl. Sytergletscher 10 km W, 3 Stunden.
Entfernungen: Viterskalet 12 km W. Laisaliden 24 km S. Umasjö 20 km NW. Norra Fjällnäs 20 km S. Tärnasjö 14 km NO.

Tärnasjö
Lappland
610 m ü.d.M.
AC 2

Hütten am Ostufer des Sees Tärnasjö, am Kungsleden zwischen Ammarnäs und Hemavan. Nottelefon. Bewirtschaftet: 29.2. - 8.5., 20.6. - 11.9.
1 Hütte mit vier Räumen, drei mit je 4 Betten, einer mit 10 Betten, Aufenthaltsraum, Trockenraum und Wirtsraum.
2 Hütte mit zwei 4-Bett-Räumen. Ein Raum während des ganzen Jahres geöffnet. Gehört der Landwirtschaftsbehörde.
3 Sauna.
Entfernungen: Serve 14 km O. Syter 14 km SW.

Viterskalet
Lappland
880 m ü.d.M.
AC 2

Hütte am Kungsleden zwischen Ammarnäs und Hemavan im Vindelfjällens Naturreservat. 5 km westlich von Sytertoppen (Stuorevare). Nottelefon. Hütte mit zwei Räumen, 10 und 6 Betten, kombiniertem Küchen-, Aufenthaltsraum und Wirtsraum. Ganzjährig geöffnet. Bewirtschaftet: 29.2. - 8.5., 4.7. - 28.8.
Ausflüge: Sytertoppen 1.767 m ü.d.M., Västerbottens höchster Punkt, 11 km O, 6 Stunden.
Entfernungen: Hemavan 11 km SW. Klippen 9 km O. Syter 12 km O.

Andere Hütten im Vindelfjäll

Aivak
Lappland
510 m ü.d.M.
AC 2

Hütte am Nordufer des Sees Överst Juktan. Gehört der Landwirtschaftsbehörde. 4 Betten. Bettwäsche vorhanden. Rentierzüchter und Arbeitspersonal haben Vortrittsrecht. Offener Kamin. Brennmaterial.

Biellojaure
Lappland
582 m ü.d.M.
AC 2

Hütte am Nordzipfel des Sees Biellojaure (Ballern). 4 Betten. Vorbestellung bei: Arne Eriksson, Tel. 0954-23037. Ausgestattet für Selbstversorger. Brennmaterial. Boottransfer über den See.

Dalovardo
Lappland
610 m ü.d.M.
AC 2

4-Bett-Hütte am Weg von der Grenze bei Bånasjaure zur Hütte am Tärnasjö. Gehört der Landwirtschaftsbehörde. Rentierzüchter und Arbeitspersonal haben Vortrittsrecht. Bettwäsche, Herd, Brennmaterial, Nottelefon.

Forsavan
Lappland
605 m ü.d.M.
AC 2
   Einfache Hütte mit drei Betten am See Forsavan südlich vom Tärnasjö. Gehört der Landwirtschaftsbehörde, Rentierzüchter und Arbeitspersonal haben Vortrittsrecht.

Skidbäcksstugan
Lappland
630 m ü.d.M.
AC 2
   Hütte am Weg zwischen Dalovardo und Tärnasjöstugorna. Zwei Räume mit 4 bzw. 2 Betten. Bettwäsche vorhanden. Herd, Brennmaterial in der Umgebung. Rentierzüchter und Arbeitspersonal haben Vortrittsrecht.

Norwegische Hütten

Allgemeine Information über Unterkunftsmöglichkeiten in den norwegischen Grenzgebieten S. 15.

Kvitsteindalhyttene
Nordland Fylke
590 m ü.d.M.
NK 16, 25 EF
   Zwei Hütten am Ostende des Stausees Kalvatn, westlich des Flusses, aus dem See Lill-Uman kommend. Besitzer **RT**, dort sind auch die Schlüssel erhältlich.
   1 Hütte mit zwei Räumen, 4 Betten.
   2 Hütte mit drei Räumen, 6 Betten.
   Brennmaterial, Gaskocher.
   Entfernungen: Mjölkbäcken 17 km. Virvashytta 24 km.

Sauvasshytta
Nordland Fylke
980 m ü.d.M.
N 2027 II, 25 EF
   Hütte am See Østra Sauvatn, nördlich des Øveruman, östlich der Umbukta Fjellstue. Besitzer **RT**, dort sind die Schlüssel erhältlich. Zwei Räume, 4 Betten, Brennmaterial, Gaskocher.
   Entfernungen: Umbukta Fjellstue 10 km.

Virvasshytta
Nordland Fylke
650 m ü.d.M.
N 2127 IV, 26 FG
   Hütte am Weg Vindelkroken - Andfjellneset. Besitzer **RT**, dort sind die Schlüssel erhältlich. Drei Räume mit 6 Betten. Brennmaterial, Gaskocher.
   Entfernungen: Grenzstein Nr. 224 (Riksröse) 7 km. Kvitsteindalhyttene 25 km.

Jämtland und nördliches Härjedalen

Diese Gebirgstrakte erfreuen sich schon lange besonderer Beliebtheit bei Sommer- und Winterwanderern. Das Gelände ist von überall her bequem und schnell zu erreichen, und man kann aus praktisch allen Himmelsrichtungen hinein- und wieder herauswandern. - Storulvån, Blåhammaren, Sylarna und das Helagsfjäll mit Schwedens südlichstem Gletscher sind bekannte Orte, die im Fjäll Jämtlands und Nordhärjedalens liegen.

Tourenvorschläge

Die Vorschläge sind in Winter- und Sommertouren aufgeteilt und von Norden nach Süden (vgl. Karte) aufgeführt.

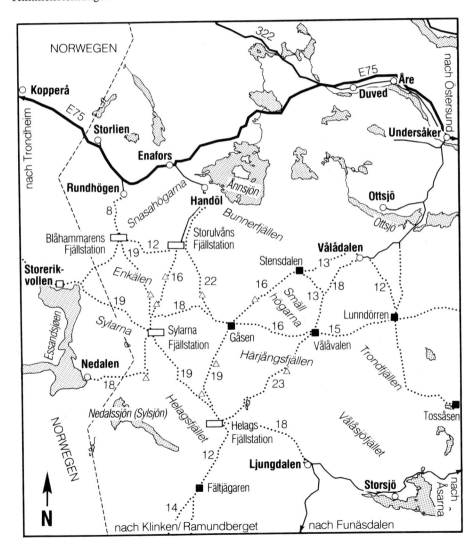

In der Umgebung der Hütten liegen oftmals besuchenswerte Ausflugsziele (vgl. auch Hüttenverzeichnis), für die es sich lohnt, einen Tag länger zu bleiben.

Man sollte immer einen Reservetag einkalkulieren und die Tour gründlich planen.

Skitouren

Storlien - Sylarna
29 km
Z 6

Storlien - Blåhammaren - Sylarna: Markierter Winterweg.

Startpunkt: Storlien. Hotel. Telefon. Landstraße. Eisenbahn.

1. Tag: Mit dem Auto bis Rundhögen. Auf Ski in südliche Richtung über Enan und danach 7 km bergan zur Gräslidsfjällets Rasthütte und bis **10 km Blåhammarens Fjällstation**, STF. Telefon. **Achtung!** Bei verharrschtem Schnee und schlechtem Wetter ist es besser, den Leitungen auf der Ostseite des Gräslidsfjälls zu folgen, auch wenn die Strecke sich dadurch um 2 km verlängert.

2. Tag: In südliche Richtung oberhalb der Baumgrenze das Blåhammarfjäll hinab, anschließend über den Finnbäcken, an der Rasthütte 9 km Enkälen vorbei. Leicht bergab zur Rasthütte Sylarnas Rastskydd. Nottelefon. Steigung auf den letzten 2 km zur **19 km Sylarnas Fjällstation**, STF. Telefon.

Storlien - Sylarna
79 km
Z 6

Storlien - Storerikvollen - Nedalen - Sylarna: Markierter Winterweg. Achtung! In Norwegen gibt es keine »Ledstjärnor« (rote Markierungskreuze).

Startpunkt: Storlien. Hotel. Telefon. Post. Landstraße. Eisenbahn.

1. Tag: Nach Westen bergan über den Paß zwischen Steinfjället und Lillkluken, wo die norwegische Grenze passiert wird. Weiter auf norwegischem Terrain über Stenklevtjärn und durch Wald bis **15 km Stordalsvoll**, Kirchdorf. Selbstversorger. Telefon.

2. Tag: Ein paar Kilometer auf der Straße in südliche Richtung, nach Südosten über Sönderlien, Kluksaftet und den Osthang des Blåkkåkleppen. Das letzte Stück südlich bis zur **25 km Storerikvollen** Turiststation, Trondhjem Turistforening. Telefon. Nur Ostern geöffnet, in den übrigen Zeiten kann der Schlüssel geliehen werden.

3. Tag: Nach Süden über Nesjöen bis Esnaoset und weiter bis **21 km Nedalen**, Turiststation, Trondhjems Turistforening. Telefon. Nur Ostern geöffnet, in den übrigen Zeiten kann der Schlüssel geliehen werden.

4. Tag: Nach Osten Steigung bis Ekorrdörren. Nach 4 km passiert man die Grenze, und nach 9 km erreicht man Ekorrdörrens Rasthütte, Nottelefon. Kräftige Steigung hinauf zum höchsten Punkt der Tour zwischen dem Ausläufer des Sylarmassivs, Punkt 1.544, und dem Sylskalstöten. Danach 6 km bergab genau nach Norden bis **18 km Sylarans Fjällstation**. Telefon.

Storulvån - Sylarna
16 km
Z 6

Storulvån-Sylarna: Markierter Winterweg.

Startpunkt: Storulvåns Fjällstation, STF. Telefon. Straße. Taxi nach Enafors, Bahnhof.

1. Tag: Mit dem Auto über Handöl, Kirchdorf, bis **19 km Storulvåns Fjällstation**, STF. Telefon. - Autofahrt nach Storulvån, wenn die Schneeverhältnisse es zulassen. Eigenes Risiko.

2. Tag: In südwestliche Richtung auf dem Westhang des Lillulvåfjäll bis 7 km Spjåme Rasthütte. Nottelefon. Danach zwischen den beiden Hügeln Västra Endalshöjden und Östra Endalshöjden hindurch bis 14 km Sylarnas Rasthütte, Nottelefon. Steigung auf den letzten 2 km bis zur **16 km Sylarnas Fjällstation**, STF. Telefon.

Sylarna - Ljungdalen
37 km
Z 6

Sylarna - Ljungdalen: Markierter Winterweg.

60 TOURENBESCHREIBUNGEN

Startpunkt: Sylarnas Fjällstation, STF. Telefon.

1. Tag: Nach Südwesten auf der West- und Südseite um den Herrklumpen herum, weiter östlich am Hammaren vorbei zur 9 km Mieskentjakke Rasthütte. Nottelefon. Danach östlich am Helagsfjäll vorbei bis **19 km Helags**, STF. Telefon. Proviantverkauf.

2. Tag: Auf dem Nordhang des Helagsskaftet nach Osten zum Kesusjön, dann 6 km in südöstliche Richtung durch Wald südlich am Kesusjön vorbei bis **18 km Ljungdalen**, Dorf. Pension. Telefon. Busverbindung nach Åsarna.

Bydalen - Vålådalen
54 km
Z 6

Bydalen - Anaris - Vålådalen: Markierter Winterweg.

Startpunkt: Bydalen, Touristenort. Feriendorf. Telefon. Busverbindung nach Östersund.

1. Tag: Nach Südwesten bis 4 km Höglekardalen, Pension. Telefon. Auf der Nordseite des Hosjövalen hinunter in den Wald bis 18 km Hosjöbottnarnas Samenlager. Telefon. Weiter in westliche Richtung über die Seen Kälasjöarna, hinauf über den Bredsjöhögen und weiter quer über den Anasjö bis **29 km Anaris**, STF. Nottelefon.

2. Tag: Nach Nordwesten zwischen Kruptje und Krapa hinab bis **9 km Staloviellekåtan**, STF. Anschließend durch Wald und über Moorgebiet bis **18 km Vallbo**, Kirchdorf. Pension. Telefon. Von dort am Südufer des Vålån entlang. Brücke über den Fluß. Bis **25 km Vålådalen**. Turistation. Telefon. Post. Busverbindung nach Undersåker.

Vålådalen - Helags
ALt A 41 km
Alt B 52 km
Z 6

Vålådalen - Vålåvalen - Helags oder **Vålådalen - Gåsen - Helags:** Markierte Winterwege.

Startpunkt: Vålådalen. Turiststation. Telefon. Busverbindung nach Undersåker.

1. Tag: Durch Waldgebiet in südwestliche Richtung bis zum Bach Stensån, der nach einigen Kilometern überqert wird. Danach hinauf auf das Fjäll oberhalb der Baumgrenze und über den Osthang des Smällhögskaftet. Weiter nach Süden bis **18 km Vålåvalen**, STF. Nottelefon.

Alternative A:

2. Tag: Nach Südwesten über den Härjångsån und hinauf zur 9 km Ljungans Rasthütte über den Osthang des Härjångsfjäll. Nottelefon. Anschließend östlich am Krustjärnstöten und südlich am Jalketsåjja vorbei bis **23 km Helags**, STF. Telefon. Proviantverkauf.

Alternative B:

2. Tag: Nach Westen über den Südhang des Gruvsmällen und nördlich der Seen Härjångsjöarna steil hinauf nach **16 km Gåsen**, STF. Nottelefon.

3. Tag: In südwestliche Richtung über den Fluß Gåsån, hinauf auf den Osthang des Hulke und weiter über den Westhang des Härjångåsen. Danach hinauf zum Paß zwischen Mieskentjakke und Suonagtjärra, über den Westhang des Jalketsåjja bis **18 km Helags**, STF. Telefon. Proviantverkauf.

Wandertouren

Storlien - Sylarna
29 km
Z 6

Storlien - Blåhammaren - Sylarna: Markierte Sommer- und Winterwege.

Startpunkt: Storlien. Hotel. Telefon. Landstraße. Bahnhof.

1. Tag: In südliche Richtung auf der Landstraße von Storlien nach Rundhögen. 3 km durch Wald bis Svedeholm. Weiter über die Baumgrenze hinauf, vorbei an 7 km Gräslidfjället, Rasthütte, bis **10 km Blåhammarens Fjällstation**, STF. Telefon.

2. Tag: In südöstliche Richtung oberhalb der Baumgrenze zuerst über das Blåhammarfjäll, dann über den Finnbäcken und bergauf über Enkälen an der 9 km Enkälen

Jämtland und nördliches Härjedalen **61**

Rasthütte vorbei. Bergab über den Hang des Endalshöjden bis 17 km Sylarnas Rasthütte. Auf den letzten zwei Kilometern Steigung bis **19 km Sylarnas Fjällstation**, STF. Telefon.

Storlien - Sylarna
81 km
Z 6

Storlien - Stordal - Storerikvollen -Nedalen - Sylarna: Markierte Sommerwege.

Startpunkt: Storlien. Hotel. Telefon. Landstraße. Bahnhof.

1. Tag: Von Storlien in südwestliche Richtung. Man passiert die Grenze nach Norwegen und wandert weiter hinauf auf den Paß zwischen Steinfjället und Litlkluken. Hinab durch Wald bis **15 km Stordal**. Selbstversorger. Telefon.

2. Tag: Auf der Landstraße 7 km in südliche Richtung bis Rotvold, Wanderung zuerst durch Wald, schließlich abwechselnd über baumloses Fjäll und Moorgebiete bis **27 km Storerikvollen**, Trondhjem Turistforenings Turiststation. Telefon. Nur Ostern und im Sommer geöffnet. In der übrigen Zeit kann der Schlüssel geliehen werden.

3. Tag: 8 km Wanderung bis Essandheim und leichte Wanderung bis **21 km Nedalens Turisthytte**, Trondhjems Turistforening. Nur Ostern und im Sommer geöffnet. In der übrigen Zeit kann der Schlüssel geliehen werden. Telefon. Privatweg führt zur Landstraße bei Stugudal.

4. Tag: Nach Osten bergan bis Ekorrdörren. Nach 4 km passiert man wieder die Grenze. Weiter bis zur **9 km Ekorrdörrens** Rasthütte. Nottelefon. Kräftige Steigung hinauf zum höchsten Punkt der Tour zwischen dem Ausläufer des Sylarmassivs, Punkt 1.550, und dem Sylskalstöten. Danach 6 km bergab, genau nach Norden, bis **18 km Sylarnas Fjällstation**, STF. Telefon.

Storulvån - Sylarna
16 km
Z 6

Storulvån - Sylarna: Markierte Sommer- und Winterwege.

Startpunkt: Storulvåns Fjällstation, STF. Telefon. Straße. Taxi nach Enafors. Bahnhof.

1. Tag: Mit dem Auto über Handöl, Kirchdorf, bis **19 km Storulvåns Fjällstation**, STF. Telefon. In südwestliche Richtung über eine Brücke über den Fluß Storulvån. Über den westlichen Hang des Lillulvåfjället bis 7 km Spjåme, Rasthütte. Nottelefon. Danach zwischen den Hügeln Västra Endalshöjden und Östra Endalshöjden hindurch bis 14 km Sylarnas Rasthütte. Nottelefon. Steigung auf den letzten beiden Kilometern bis **16 km Sylarnas Fjällstation**, STF. Telefon.

Vålådalen - Sylarna
Alt A 47 km
Alt B 43 km
Z 6

Vålådalen - Sylarna: Markierte Sommer- und Winterwege.

Startpunkt: Vålådalens Turiststation. Telefon. Post. Busverbindung nach Undersåker.

1. Tag: Auf dem Weg nach Nulltjärnarna in nordwestliche Richtung. Weiter nach Südwesten durch Wald und allmählich ansteigendes Terrain. Durch Sumpfgebiet nach Södra Kyrkstensskaftet, wo der etwa ein Kilometer längere Weg, von Vålådalen an Stensås und nördlich an Tjatjase vorbei, einmündet. Das letzte Stück im Tal Stensdalen durch sumpfiges Gelände bis **13 km Stensdalen**, STF. Nottelefon.

Alternative A: via Gåsen

2. Tag: In südwestliche Richtung die ersten Kilometer durch Wald, dann auf dem Südosthang des Tubbake und weiter über Stäntjas bergan bis **16 km Gåsen**, STF. Nottelefon.

3. Tag: In westnordwestliche Richtung den Hang hinab. Durch den Fluß Gåsån waten. Brücke über den Handölan, nach Westen hinauf über den Östra Endalshöjden, auf der Nordseite des Fruntimmersklumpen weiter bis zum Enan, dessen Ostufer folgt man bis 16 km Sylarnas Rasthütte. Nottelefon. Steigung auf den letzten 2 km bis **18 km Sylarnas Fjällstation**, STF. Telefon.

Alternative B: direkt Sylarna

2. Tag: Von Stensdalen am Anfang wie Alternative A. Nach 8 km Weggabelung auf dem Südhang des Stäntjas. Von dort nimmt man den Weg, der nördlich um Gåsen herumführt über den Paß zwischen Gåsen und Tjallingklumpen. Hinunter zum Gåsån, von dort erreicht man nach einem Kilometer, an der Brücke über den Handölan, den Weg Gåsen - Sylarna. Ab dieser Brücke der gleiche Weg wie Alternative A bis **30 km Sylarnas Fjällstation**, STF. Telefon.

Höglekardalen - Vålådalen
77 km
Z 7

Höglekardalen - Arådalen - Tossåsen - Vålådalen: Markierte Sommer- und Winterwege. Zelt ist notwendig.

Startpunkt: Höglekardalen. Touristenort. Telefon. Busverbindung mit Östersund.

1. Tag: Durch Wald 3 km bis zur Weggabelung Arådalen - Glen. Danach in südliche Richtung über den Osthang des Prästlekarfjället und die Westseite des Hästryggen. Steil bergab durch Birkenwald **17 km Arådalen**, STF. Jugendherberge. Telefon.

2. Tag: Nach Westen über die Brücke über den Arån. Nach Norden bis Glen, dann an Höstanstöten und Röjåsen vorbei bis **24 km Tossåsen**. Höfe. Unterkunftsmöglichkeiten. Straße. Der Pfad über Bodsjöfjället an den Oldbergsbodarna (verfallene Höfe) vorbei kann auch benutzt werden.

3. Tag: In nordwestliche Richtung südlich an den Seen Kroktjärn und Lunndörrstjärnarna vorbei. Hinauf zur Baumgrenze und weiter bis zur 10 km Rasthütte am Lunndörrspaß. Nottelefon. Über den Paß, der im Osten von Dörrpiken und Giettetjakke und im Westen vom Lunndörrsfjäll gebildet wird. Zwischen den kleinen Seen nordwestlich des Fjälls Santa hindurch bis **21 km Lunndörren**, STF. Nottelefon.

4. Tag: Nordwestlich durch hügeliges Waldgebiet östlich an den Seen Bruddtjärnarna vorbei. Über den Osthang des Vålåsen zum Vålöjan. Hängebrücke, leicht bergan bis **12 km Vålådalen**. Turiststation. Telefon. Post. Busverbindung mit Undersåker.

Vålådalen - Helags
41 km
Z 6

Vålådalen - Helags: Markierte Sommer- und Winterwege..

Startpunkt: Vålådalen. Turiststation. Telefon. Post. Busverbindungen nach Undersåker.

1. Tag: In südwestliche Richtung auf dem Pfad vorbei an Nulltjärnbacken bis zum Stensån, der nach ein paar Kilometern mittels Brücke überquert wird. Hinauf über die Baumgrenze und über den Osthang des Smällhögskaftet. Weiter nach Süden bis **18 km Vålåvalen**, STF. Nottelefon.

2. Tag: Nach Südwesten auf dem Osthang des Gruvsmällen. Brücke über den Härjångsån. Bergan über den Osthang des Härjångsfjäll. Weiter westlich am See Vålåsjö entlang. Überqueren des Ljungan, anschließend weiter im Tal zwischen Slaive und Krustjärnstöten, nordwestlich des Krustjärn, über zum Teil sumpfigen Boden. Über den Bach Snusebäcken. Bergauf über den Südhang des Jalketsåjjas. Schließlich die restlichen Kilometer bergab nach Westen bis **23 km Helags**, STF. Telefon. Proviantverkauf.

Sylarna - Ljungdalen
37 km
Z 6

Sylarna - Ljungdalen: Markierte Sommer- und Winterwege.

Startpunkt: Sylarnas Fjällstation, STF. Telefon.

1. Tag: Nach Südosten mit starker Steigung hinauf auf den Paß zwischen Kläppen und Punkt 1.235. Hinab zum See östlich des Kläppen. Anschließend über den Osthang des Hammaren und durch ein Gebiet, das von Moränenrücken durchkreuzt wird und stellenweise sumpfig ist. Weiter östlich am Helagsfjäll vorbei bis **19 km Helags**, STF. Telefon. Proviantverkauf.

2. Tag: Besteigung des Stora Helagstöten, 1.798 m ü.d.M.

3. Tag: Nach Südosten auf dem Nordhang des Helagsskaftet. Nach 6 km ereicht man die Baumgrenze und wandert südlich am See Kesusjön durch immer dichteren Wald zum 13 km **Nyvallen**. Autoparkplatz. Wegenutzungsgebühr. Dann bis 18 km **Ljungdalen**. Pension. STF-Jugendherberge. Telefon. Post. Busverbindung nach Åsarna.

Fjällstationen

Blåhammarens Fjällstation
830 15 Duved
Tel. 0647-70120
Z 6

Blåhammarens Fjällstation liegt 1.085 m ü.d.M. oberhalb der Baumgrenze in Südwestjämtland. Der Blåhammarkläppen liegt einen Kilometer entfernt mit Aussicht auf das norwegische und schwedische Fjäll. Am einfachsten gelangt man zum Blåhammaren von Storulvån (11 km), Storvallen (15 km) oder Rundhögen (10 km) aus. Rundhögen ist an das Straßennetz angeschlossen und hat einen Parkplatz. Von Blåhammaren aus führen Wege zum Sylarmassiv und zum Storerikvollen in Norwegen. Die nächsten Bahnhöfe befinden sich in Storlien und Enafors. Die Reisezeit beträgt von Stockholm 10, Göteborg 13 und Malmö 14 Stunden.

Das Hauptgebäude hat 28 Betten in Doppel- und Vierbettzimmern, warmes und kaltes Wasser, Dusche, Trockenraum. Frühstück und Abendessen; Fruchtsuppen, Butterbrote und Getränke werden angeboten. Im Laden können Kioskartikel und Proviant eingekauft werden. Das Nebenhaus Lillhammaren (18 Betten) ist für Selbstversorger eingerichtet. Ein Vierbettzimmer ist während des ganzen Jahres geöffnet. Nottelefon.

Geöffnet: 27.2. - 1.5., 24.6. - 11.9.

Sylarnas Fjällstation
830 15 Duved
Tel. 0647-75010
Z 6

Sylarnas Fjällstation liegt 1.035 m ü.d.M. in Südwestjämtland, unmittelbar unterhalb des mächtigen Gebirgsmassivs der Sylarna. Der höchste Gipfel ist 1.770 m hoch und liegt ein paar Meter hinter der norwegischen Grenze.

Sylarna ist der Knotenpunkt für Touren in Südwestjämtland, von Blåhammaren, Storulvån, Helags sowie Nedalen und Storerikvollen in Norwegen nur jeweils eine Tageswanderung entfernt. Die nächstgelegene Landstraße verläuft bei Storulvån (16 km).

Die Fjällstation hat ungefähr 90 Betten in Drei- und Fünfbettzimmern und ein Achtbettzimmer. Warmes und kaltes Wasser auf den Zimmern. Dusche und WC auf den Fluren. Damen- und Herrensauna. Die Hütte Kläppen enthält einen Versammlungsraum, die Einrichtungen für Selbstversorger und eine Küche für Camper. Im Nebengebäude Lillsylen sind 4 Doppelzimmer eingerichtet.

Im Hauptgebäude befinden sich die große Küche für Selbstversorger, der Speisesaal mit Aussicht auf das Sylmassiv und der Laden mit Lebensmitteln, Konserven und Fertiggerichten für bequeme Mahlzeiten unterwegs. Telefon.

Während eines Teils der Saison stehen Fjällführer zur Verfügung, die Hochgebirgs- und Gipfelwanderungen im Sylmassiv veranstalten. Haute Route-Ausrüstung.

Geöffnet: 27.2. - 1.5., 24.6. - 11.9.

Storulvåns Fjällstation
830 15 Duved
Tel. 0647-74020
Z 6

Storulvåns Fjällstation liegt 730 m ü.d.M. geschützt in einem Birkenwald, aber nahe der Baumgrenze. Sie ist eine ideale Basis oder ein idealer Startpunkt für Touren in Südwestjämtland. In der Nähe liegen der Berg Getryggen, 1.382 m ü.d.M., und die Snasahögarna mit dem höchsten Gipfel Storsnasen, 1.462 m ü.d.M. Im Winter sind die Schneeverhältnisse optimal und das Skigebiet leicht zu befahren. Hochgebirgstouren mit Haute Route-Ski zu den Snasarna, Sylarna oder zum Bunnerfjäll. Der Somer bietet eine üppige Vegetation mit besonders artenreicher Flora. Storulvån ist besonders familienfreundlich und eignet sich ausgezeichnet für Wochenendaufenthalte. Markierte Wege führen u.a. zum Blåhammaren und den Sylarna.

Die Reisezeit nach Enafors beträgt von Stockholm 10, Göteborg 13 und Malmö 14 Stunden. Vom Bahnhof in Enafors führt eine 17 km lange Straße zur Fjällstation. Taxi, Tel. 0647-72050. Die Straße verläuft in unmittelbarer Nähe der Baumgrenze und ist im Winter häufig verweht.

Das Hauptgebäude brannte im Februar 1987 völlig ab. Im Frühjahr 1988 begann der Wiederaufbau, der zum Winter 1989 beendet sein soll.

Für den Neubau sind Zwei- Vier- und Mehrbettzimmer, Aufenthaltsräume, Restaurant, Laden, Selbstversorgerküche, Sauna, Duschen, Wasch- und Trockenräume u.a. geplant.

Im Nebengebäude Gamla Storulvån befinden sich 22 Betten in Zwei- und Mehrbettzimmern. Sehr einfach eingerichtet. Für Selbstversoger.

Im sogenannten Personaltrakt sind 12 Einzelzimmer mit Platz für extra Notbetten auf dem Boden, warmes und kaltes Wasser, Dusche auf dem Flur. Selbstversorger.

Geöffnet: 27.2. - 1.5., 24.6. - 11.9. mit Restaurant.

STF - Hütten

Die Angaben für den Zeitraum, in dem die Hütten bewirtschaftet sind, können nur ungefähr sein, da Wind und Wetter den Wirt daran hindern können, die Hütte rechtzeitig zu erreichen, bzw. ihn drängen, die Saison eher zu beenden und die Hütte früher als vorgesehen zu verlassen.

Flaschengas ist nur solange vorhanden, wie ein Wirt anwesend ist.

Die Kartenangaben beziehen sich auf die »Fjällkarta«. Die Entfernungsangaben sind auf der Karte gemessen und nur ungefähre Richtwerte.

Anaris
Jämtland
834 m ü.d.M.
Z 7
Im Tal des Lillån westlich des Sees Anasjö im nördlichen Anarisfjäll. Zwei Räume, 4 bzw. 6 Betten. Einer während des ganzen Jahres geöffnet. Nottelefon. Bewirtschaftet: 21.3. - 1.5., 11.7. - 4.9.
Entfernungen: Vålådalen 25 km W. Håsjöbottnaran 12 km O. Höglekardalen 26 km O. Lunndörren 17 km W. Vallbo 18 km NW.

Blåhammaren
Jämtland
1.085 m ü.d.M.
Z 6
Eine Hütte, die zur Blåhammarens Fjällstation gehört (siehe oben). Drei Schlafräume mit insgesamt 18 Betten sowie kombinierter Küchen- und Aufenthaltsraum. Ein Vierbettzimmer ist für Selbstversorger während des ganzen Jahres geöffnet. Wenn die Fjällstation unbewirtschaftet ist, gibt es hier ein Nottelefon. Während der Saison Anmeldung in der Rezeption der Fjällstation.
Entfernungen: Sylarna 19 km SO. Storulvån 12 km O. Rundhögen 8 km N. Storeriksvollen (Norwegen) 16 km SW.

Gåsen
Jämtland
1.201 m ü.d.M.
Z 6
Hütten am Südhang des Fjälls Gåsen, am Weg von Sylarna nach Vålådalen. Nottelefon. Bewirtschaftet: 15.2. - 8.5., 20.6. - 25.9.
1 Hütte mit zwei 10-Bett-Räumen, einer während des ganzen Jahres geöffnet.
2 Hütte mit insgesamt 32 Betten.
3 Hüttenwirtshütte.
Ausflüge: Stora Härjångsstöten 1.626m ü.d.M., 9 km, 4 Stunden. Gåsen 1.426m ü.d.M. 1 Stunde.

Entfernungen: Helags 18 km SW. Stensdalen 16 km NO. Storulvån 22 km NW. Sylarna 18 km W. Vålåvalen 16 km W.

Helags
Jämtland
1.043 m ü.d.M.
Z 6, 8
Siehe S. 72

Lunndörren
Jämtland
802 m ü.d.M.
Z 6, 7
Westlich des St. Gröngumpen im Anarisfjäll, in der Nähe des nördlichen Einstiegs in den Lunndörrpaß. Nottelefon. Bewirtschaftet: 15.2. - 1.5., 13.6. - 25.9.
1 Hütte mit zwei 6-Bett-Räumen, einer während des ganzen Jahres geöffnet.
2 Hütte mit fünf 4-Bett-Räumen, Aufenthaltsraum und Wirtsraum.
Ausflüge: Pyramiderna - Kgl. Jaktstuga - Issjödalen, 20 km, 8 Stunden.
Entfernungen: Vallbo 11 km NW. Vålådalen 12 km NW. Vålåvalen 15 km W. Tossåsen 21 km SO. Anaris 17 km O.

Stalovielle
Jämtland
750 m ü.d.M.
Z 7
Kote am Weg Vallbo - Anaris, 200 m westlich vom Fluß Tväran. Herd. STF versorgt die Hütte nicht mit Brennmaterial, das aber in der Umgebung vorhanden ist.
Entfernungen: Vallbo 9 km NW. Anaris 9 km O.

Stensdalen
Jämtland
750 m ü.d.M.
Z 6
Hütten in Stor-Stensdalen am Nordufer des Flußes Stensån, nördlich des Lillstensdalsfjäll. Am Weg von Vålådalen nach Sylarna. Nottelefon. Bewirtschaftet: 22.2. - 1.5., 13.6. - 18.9.
1 Hütte mit zwei Räumen, von der Landwirtschaftsbehörde und STF-Personal in Anspruch genommen.

2 Hütte mit zwei 9-Bett-Räumen (für 18 Personen). Einer während des ganzen Jahres geöffnet.
3 Hütte mit fünf 4-Bett-Räumen, Aufenthaltsraum und Wirtsraum.
Ausflüge: Kyrkstenen, 16 km NO, 5 Stunden.
Entfernungen: Vålådalen 13 km O. Gåsen 16 km SW. Vålåvalen 13 km S.

Storulvån
Jämtland
728 m ü.d.M.
Z 6
Die Hütte Gamla Storulvån befindet sich etwa 200 m südlich der Storulvåns Fjällstation und gehört auch zu dieser (siehe oben). Während der Saison Anmeldung in der Rezeption der Fjällstation. Ein Raum mit zwei Pritschen für Selbstversorger während des ganzen Jahres geöffnet. Auskunft: Tel. 0647-740 23. Nottelefon.
Entfernungen: Handöl 12 km N (einspurige Straße). Sylarna 16 km S. Blåhammaren 12 km W.

Sylarna
Jämtland
1.043 m ü.d.M.
Z 6
Sylarnas Fjällstation s.o. Nottelefon.
Entfernungen: Blåhammaren 19 km N. Helags 19 km SO. Storulvån 16 km N. Nedalen 18 km SW (Norwegen). Storerikvollen (Norwegen) 19 km NW.

Vålåvalen
Jämtland
Z 6
Auf dem Südwesthang des Vålåvalen am Weg von Vålådalen nach Helags. Nottelefon. Bewirtschaftet: 29.9. - 1.5., 27.6. - 14.8.
1 Hütte mit zwei 10-Bett-Räumen. Einer während des ganzen Jahres geöffnet.
2 Hütte mit 28 Betten. Wirtsraum.
Ausflüge: Gråsjödörren 13 km SW, 5 Stunden.
Entfernungen: Vålådalen 18 km NO. Lunndörren 15 km O. Gåsen 16 km W. Helags 23 km SW.

Andere Hütten in Jämtland / Härjedalen

Arådalen
Jämtland
804 m ü.d.M.
Z 7
In der ehemaligen Touristenanlage werden im Sommer Betten an Wanderer vermietet. Ausgestattet für Selbstversorger. Auskunft erteilen Jägmästare Sven Thurberg, Tel. 0611-40054 und Hugo Esbjörnsson, Tel. 0643-40054.

Glen
Jämtland
764 m ü.d.M.
Z 7
Mehrere Hütten beim Glen Samenlager im Nordteil des Tals Arådalen. Auskunft erteilen Greta Lindgren, Tel. 0643-10105 und Lars Johansson, Tel. 0687-14012. Im Winter auf Bestellung geöffnet. Café. Eingerichtet für Selbstversorger. Straße.

Nulltjärnsgården
Jämtland
600 m ü.d.M.
Z 6
Vier Hütten am Strand des Nulltjärn am Weg nach Stensdalen. Geöffnet: 15.2. - 13.4., 1.6. - 1.10. Zwei- und Vier-Bett-Räume für Selbstversorger. Einfache Gerichte werden auch angeboten. Es gelten STF-Tarife. Elektrische Heizung. Angelmöglichkeiten.
Entfernungen: Vålådalen 3 km. Undersåker 30 km.

Norwegische Fjällstationen

Nedalen
820 m ü.d.M.
Z 6, N 1720 I
Sylane 1:100.000
Nedalshytta, Tel. 07-81 46 23. Besitzer **TT**. 52 Betten. Restaurant. 15 km von Stugudal bis Nedalshytta. Vom Schlagbaum ca. 20 km. Parkplätze. Geöffnet: 1.7. - 30.8. und Ostern. Sonst nur 12 Betten, Selbstversorger und Proviantverkauf. Schlüssel bei Martin Nordfjell (Taxi), Stugudal. Tydal Bil & Elektro und Tydal Touristbüro, Ås i Tydal. Inga Stokke, Stordalsvollen i Meråker.
Entfernungen: Sylarna 20 km. Storerikvollen 20 km.

Storerikvollen
760 m ü.d.M.
Z 6, N 1721 II
Sylane 1:100.000
Storerikvollen, Tel. 07-81 53 46. Besitzer **TT**. 65 Betten. Restaurant. Geöffnet: 1.7. - 30.8. und Ostern. Sonst nur 7 Betten, Selbstversorger, Proviantverkauf. Schlüssel bei Bil & Elektro, Ås i Tydal. Ivar Øverbø, Selburuta. Inga Stokke, Stordalsvollen i Meråker.
Entfernungen: Stordal 27 km. Nedal 22 km. Blåhammaren 17 km.

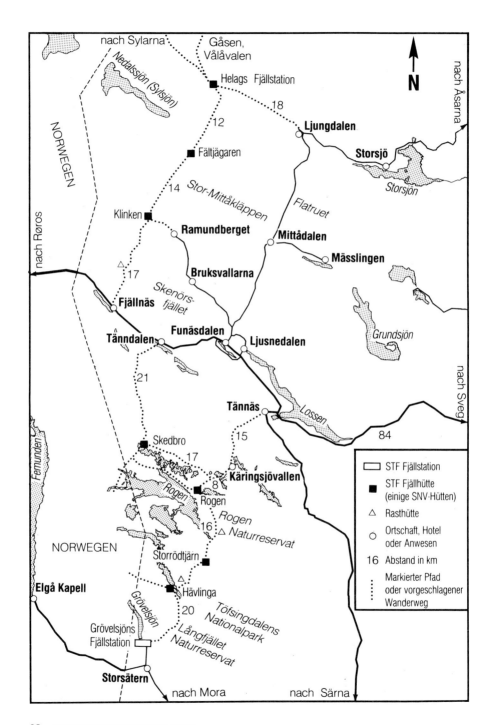

Härjedalen und nördliches Dalarna

Dieses Fjällgebiet eignet sich sehr gut für alle möglichen Formen des Fjällsports. Es ist variationsreich und leicht zugänglich mit Hütten und einem gut ausgebauten Wegenetz vom Helagsmassiv im Norden bis Grövelsjön im Süden. Das Rogens Naturreservat mit vielen interessanten geologischen Phänomenen und Spuren der Eiszeit - u.a. der bekannten Rogen-Moräne - liegt mitten in diesem Fjälltrakt.

Tourenvorschläge

Die Vorschläge sind in Winter- und Sommertouren aufgeteilt und von Norden nach Süden (vgl. Karte) aufgeführt.

In der Umgebung der Hütten liegen oftmals besuchenswerte Ausflugsziele (vgl. auch Hüttenverzeichnis), für die es sich lohnt, einen Tag länger zu bleiben.

Man sollte immer einen Reservetag einkalkulieren und die Tour gründlich planen.

Skitouren

Helags - Fjällnäs/Ramundberget
Alt. A 43 km
Alt. B 26 km
Z 8

Helags - Fältjägaren - Fjällnäs / Ramundberget: Markierte Winterwege.

Startpunkt: Helags, STF. Telefon. Proviantverkauf.

Alternative A: Bis Fjällnäs

1. Tag: Hauptsächlich in südwestliche Richtung über Östra Helagskaftet und hügelige Fjällheide bis **12 km Fältjägaren**, STF. Nottelefon.

2. Tag: Über die Mittåstötarna hinab zum Fluß Ljusnan, der bei Klinkens fäbodvall (Sennhütte) über eine Brücke passiert wird, weiter bis **14 km Klinken**, STF. Nottelefon.

3. Tag: Auf den Paß zwischen Klasberget und Ösjövålen, über den Paß zwischen den Gipfeln des Massivs Långbrottfjället und hinunter zur 8 km Rasthütte Långbrottsjön. Nottelefon. Weiter zum Nordwesthang des Skenörsfjäll und über den Hang des Malmagvålen bis **17 km Fjällnäs**. Hotel und Pension. Telefon. Busverbindungen nach Sveg und Åsarna.

Alternative B: Bis Ramundberget

1. Tag: Bis Fältjägaren wie oben beschrieben.

2. Tag: Nach 2 km erreicht man die Weggabelung und folgt dem Weg in südliche Richtung über den Westhang des Mittåhammaren und über den nordwestlichen Ausläufer des Stora Mittåkläppen bis zur Baumgrenze bei Gruvvålen. Danach steil hinunter zum Fluß Ljusnan, der mittels Brücke überquert wird und bis **14 km Ramundberget**. Hotel. Telefon. Busverbindungen nach Sveg.

Tänndalen - Grövelsjön
Alt. A 71 km
Alt. B 73 km
Z 8, W 1

Tänndalen - Grövelsjön: Alternative A markierter Winterweg, Alternative B größtenteils unmarkierter Winterweg.

Startpunkt: Tänndalen, Touristenort. Hotel und Pension. Telefon. Busverbindungen nach Sveg und Åsarna.

Alternative A: Über Skedbro und Rogen

1. Tag: In südsüdwestliche Richtung über Rödfjället zum Broktjärnan. Weiter nach Süden über leicht hügeliges Gelände durch lichten Birkenwald bis **21 km Skedbro**, STF. Nottelefon.

2. Tag: Von Skedbro in südwestliche Richtung westlich und südlich um den Bustvålen herum bis Rödviken und am Nordstrand des Rogen entlang bis **17 km Rogen**, STF. Nottelefon.

3. Tag: Über das Eis über den mit Stangen markierten Skooterweg nach Süden bis **13 km Storrödtjärn**, STF. Nottelefon.

4. Tag: Nach Südwesten am See Slagusjö vorbei. Durch Wald und hügeliges Gelände bis Hävlingen. Dort befinden sich die Hütten des Anglercamps des »Domänverkets«, der staatlichen Forstbehörde. Weiter in südwestliche Richtung bis **20 km Grövelsjöns Fjällstation**, STF. Telefon. Busverbindungen nach Mora.

Alternative B: Über Skedbrostugan und Svukuriset (Norwegen)

1. Tag: Wie Alternative A.

2. Tag: In südwestliche Richtung westlich am Bustvålen vorbei. Durch eine leicht hügelige und seenreiche Landschaft bis 20 km Falkfangerhögda und weiter nach Süden bis **26 km Svukuriset**, Den Norske Turistforeningens Station. Telefon.

3. Tag: Nach Südosten durch dünn bewaldete Landschaft an den Seen Revlingssjöerne vorbei. Anschließend über den Paß zwischen Elgåhogna und Forborgen. Weiter nach Osten über den Paß zwischen Digerhogna und Salsfjället. Bis **26 km Grövelsjöns Fjällstation**, STF. Telefon. Busverbindung nach Mora.

Wandertouren

Helags - Fjällnäs/Tänndalen
Alt. A 43 km
Alt. B 46 km
Z 8

Helags - Fältjägaren - Fjällnäs / Tänndalen: Markierte Sommer- und Winterwege.

Startpunkt: Helags, STF. Telefon. Proviantverkauf.

Alternative A: Bis Fjällnäs

1. Tag: Hauptsächlich in südwestliche Richtung über Östra Helagsskaftet und hügelige Fjällheide bis **12 km Fältjägaren**, STF. Nottelefon.

2. Tag: Über die Mittåtstötarna hinab zum Fluß Ljusnan, der bei Klinkens fäbodvall (Sennhütte) mittels Brücke passiert wird, weiter bis **14 km Klinken**, STF. Nottelefon.

3. Tag: Auf den Paß zwischen Klasberget und Ösjövålen, über den Paß zwischen den Gipfeln des Massivs Långbrottfjället und hinunter zur 8 km Rasthütte am Ostende des Sees Långbrottsjön. Nottelefon. Weiter zum Nordwesthang des Skenörsfjäll und über den Osthang des Malmagsvålen bis **17 km Fjällnäs**. Hotel und Pension. Telefon. Busverbindungen nach Sveg und Åsarna.

Alternative B: Bis Tänndalen

1. Tag: Bis Fältjägaren wie oben beschrieben. Nach 2 km erreicht man die Weggabelung und folgt dem Weg in südliche Richtung über den Westhang des Mittåhammaren und über den nordwestlichen Ausläufer des Stora Mittåkläppen bis zur Baumgrenze auf dem Gruvvålen. Danach hinunter zum Fluß Ljusnan, der mittels Brücke überquert wird und bis **26 km Ramundberget**. Hotel. Telefon. Busverbindungen nach Sveg und Åsarna.

2. Tag: Weiter in südliche Richtung über hügeliges Gelände bis 11 km Svalåtjärn, Rasthütte. Nottelefon. Auf den Westhängen der Skarvarna bis **20 km Tänndalen**. Touristenort. Hotel und Pension. Telefon. Busverbindungen nach Sveg und Åsarna.

Tänndalen - Grövelsjön
Alt. A 74 km
Alt. B 73 km
Z 8, W 1

Tänndalen - Grövelsjön: Markierte Sommer und Winterwege.

Startpunkt: Tänndalen. Hotel und Pension. Telefon. Busverbindungen nach Sveg und Åsarna.

Alternative A: Über Skedbro und Rogen

1. Tag: In südliche Richtung über Rödfjället zum Broktjärnan. Weiter nach Süden über leicht hügeliges Gelände durch lichten Birkenwald bis **21 km Skedbro**, STF. Nottelefon.

2. Tag: Von Skedbro ein kurzes Stück nach Norden und dann nach Osten über felsiges Gelände entlang den Telefonleitungen bis zum See Käringsjön. Anschließend durch Moor bis **17 km Rogen**, STF. Alternativ kann man auch westlich und südlich um den Bustvålen herum wandern. Nottelefon.

3. Tag: An den Sennhütten Rogsbodarna vorbei und in südöstliche Richtung über den Tandsjövålen. Nach Süden am Rogstöten vorbei bis **16 km Storrödtjärn**, STF. Nottelefon.

4. Tag: Nach Südwesten am See Slagusjö vorbei. Durch Wald und hügeliges Gelände bis Hävlingen. Dort befinden sich die Hütten des Anglercamps des »Domänverkets«, der staatlichen Forstbehörde. Weiter in südwestliche Richtung bis **20 km Grövelsjöns Fjällstation**, STF. Telefon. Busverbindungen nach Mora.

Alternative B: Über Skedbrostugan und Svukuriset (Norwegen)

1. Tag: Wie Alternative A.

2. Tag: In südwestliche Richtung westlich am Bustvålen vorbei. Durch eine leicht hügelige und seenreiche Landschaft bis 20 km Falkfangerhögda und weiter nach Süden bis **26 km Svukuriset**, Den Norske Turistforeningens Station. Telefon.

3. Tag: Nach Südosten durch dünn bewaldete Landschaft an den Seen Revlingesjöerne vorbei. Danach in südöstliche Richtung über Salsfjället, den »Linnépaß« bis **26 km Grövelsjöns Fjällstation**, STF. Telefon. Busverbindung nach Mora.

Fjällstationen

Grövelsjöns Fjällstation
790 91 Idre
Tel. 0253-23090
W 1

Grövelsjöns Fjällstation liegt 816 m ü.d.M. am Hang des Långfjället gerade an der Baumgrenze. Das Fjällgebiet ist leicht zugänglich und abwechslungsreich mit markierten Sommer- und Winterwegen zur nahegelegenen norwegischen Grenze und dem Nationalpark Töfsingdalen.

Von Grövelsjön bestehen täglich Busverbindungen nach Mora. Nach Stockholm bestehen direkte Busverbindungen. Die Reisezeit beträgt von Stockholm 10, Göteborg 18 und Mamlö 20 Stunden. Die Entfernung beträgt von Stockholm aus 490 km, von Göteborg aus 670 km.

Die Fjällstation hat 150 Betten in Einzel-, Doppel-, Drei- und Vierbettzimmern. Warmes und kaltes Wasser. Dusche und WC auf dem Flur. Speisesaal mit Aussicht auf das norwegische Fjäll. Voll- und Halbpension. Ausschanklizenz für Bier und Wein. Aufenthalts- und Lesesaal. Turnhalle. Konferenzsaal. Das Nebengebäude Grövlan, das das ganze Jahr über geöffnet ist, enthält 12 Zweibettzimmer mit Küche für Selbstversorger.

Während der Saison werden Touren mit Wanderführern und einem speziellen Programm angeboten. Themawochen. Im Winter: Kinderbeaufsichtigung fast während der ganzen Saison im sogenannten »Fjälltrolleklubb«. Gleich in der Nachbarschaft der Station befindet sich ein für Kinder gut geeigneter, kleiner Schlepplift. Außerdem bestehen gute Skiabfahrtsmöglichkeiten. In der Nähe liegt das Grövelfjäll-Skigebiet mit mehreren Liften und Pisten. Im Sommer: Angeln und Kanufahren.

Geöffnet: 26.12. - 10.1., 6.2. - 1.5., 18.6. - 25.9.

STF - Hütten

Die Angaben für den Zeitraum, in dem die Hütten bewirtschaftet sind, können nur ungefähr sein, da Wind und Wetter den Wirt daran hindern können, die Hütte rechtzeitig zu erreichen, bzw. ihn drängen, die Saison eher zu beenden und die Hütte früher als vorgesehen zu verlassen.

Flaschengas ist nur solange vorhanden, wie ein Wirt anwesend ist.

Die Kartenangaben beziehen sich auf die »Fjällkarta«. Die Entfernungsangaben sind auf der Karte gemessen und nur ungefähre Richtwerte.

Fältjägaren
Härjedalen
1.050 m ü.d.M.
Z 8

Hütte am Weg Helags - Klinken/Ramundberget. Rentierfanggatter. Nottelefon. Zwei 10-Bett-Räume. Einer während des ganzen Jahres geöffnet. Bewirtschaftet: 29.2. - 1.5., 20.6. - 4.9. Wirtsraum.

Entfernungen: Helags 12 km N. Klinken 14 km SW.

Grövelsjön
Dalarna
816 m ü.d.M.
W 1
Nebengebäude »Grövlan« der Grövelsjön Fjällstation, siehe oben.
Entfernungen: Hävlingen 9 km NO. Storrödtjärn 20 km NO. Svukuriset (Norwegen) 26 km NW.

Helags
Härjedalen
Tel. 0687-21050
1.043 m ü.d.M.
Z 6, 8
Hütten am Helagsfjäll am Weg Ljungdalen - Sylarna. Proviantverkauf. Telefonzelle. Nottelefon. Elektrische Heizung und Beleuchtung, ansonsten aber wie Fjällhütten mit Hüttenwirt. Bewirtschaftet: 22.2. - 1.5., 20.6. - 18.9.
1 Wirtschaftshütte mit Proviantverkauf, Aufenthaltsraum und Wirtsraum.
2 Drei Hütten, je 24 Betten. Aufenthalts- und Trockenraum. Hütte mit Notraum, ohne Betten und Geschirr, während des ganzen Jahres geöffnet.
3 Sauna.
Ausflüge: Helags 1.797m ü.d.M., Schwedens südlichster Gletscher.
Entfernungen: Sylarna 19 km NW. Gåsen 18 km N. Vålåvalen 23 km NO. Ljungdalen 18 km SO. Fältjägaren 12 km S.

Klinken
Härjedalen
730 m ü.d.M.
Z 8
Hütte am Südufer des Ljusnan am Weg Fjällnäs - Helags. Drei Schlafräume mit insgesamt 18 Betten und kombinierter Küchen- und Aufenthaltsraum. Bewirtschaftet: 8.2. - 24.4., 18.7. - 4.9.
Zu den übrigen Zeiten ist ein Raum mit 8 Betten offen. Nottelefon.
Ausflüge: Skarsfjället 18 km, 7 Stunden. Gröndalen 29 km, 6 Stunden.

Entfernungen: Fjällnäs 17 km SW. Fältjägaren 14 km NO. Ramundberget 5 km N.

Rogen
Härjedalen
760 m ü.d.M.
Z 8
Hütte auf einer Landzunge am Nordostufer des Sees Rogen. Zwei Räume mit je 10 Betten, einer während des ganzen Jahres geöffnet. Bewirtschaftet: 15.2. - 8.5., 27.6. - 11.9. Wirtsraum. Nottelefon. Kanuverleih.
Ausflüge: Gute Angel- und Kanugewässer. Rogenmoräne.
Entfernungen: Käringsjövallen 8 km NO. Skedbro 17 km NW. Storrödtjärn 16 km S.

Skedbro
Härjedalen
800 m ü.d.M.
Z 8, W 1
Am südöstlichen Teil des Sees Skedbrosjö. Hütte mit zwei 10-Bett-Räumen. Einer während des ganzen Jahres geöffnet. Bewirtschaftet: 21.3. - 17.4., 13.6. - 14.8. Wirtsraum. Nottelefon.
Ausflüge: Skedbrofjället 1.148 m ü.d.M., 9 km, 5 Stunden.
Entfernungen: Tänndalen 21 km N. Rogen 17 km SO. Svukuriset (Norwegen) 26 km SW.

Storrödtjärn
Dalarna
880 m ü.d.M.
W 1
Hütte am See Storrödtjärn am Weg Grövelsjö - Tänndalen. Zwei 10-Bett-Räume. Einer während des ganzen Jahres geöffnet. Bewirtschaftet: 7.3. - 1.5., 27.6. - 14.8. Wirtsraum. Nottelefon.
Ausflüge: Töfsingen, ein verlassenes Samenlager in der Nähe des Nationalparks Töfsingen, 8 km S, 3 Stunden. Slagufjället 1.129 m ü.d.M., 10 km W, 3 Stunden.
Entfernungen: Grövelsjön 20 km SW. Hävlingen 9 km SW. Rogen 16 km N.

Andere Hütten in Härjedalen und Norddalarna

Hosjöbottnarna
Jämtland
745 m ü.d.M.
Z 7
Hütte mit 4 Betten. Besitzer John Paul Persson, Tel. 0643-32018, 32072. Die Hütte ist vollständig für Selbstversorger ausgestattet. Brennmaterial ist vorhanden.

Hävlingsstugorna
Dalarna
780 m ü.d.M.
W 1
Domänverket (gehört der staatlichen Forstbehörde). 30 Betten. Selbstversorger. Nottelefon. Eingeschränkter Proviantverkauf. Auskunft Tel. 0253-105 50.

Vigelstugan
Härjedalen
997 m ü.d.M.
Z 8
Private Hütte, die abgeschlossen ist. Der Schlüssel ist erhältlich beim Hof Göransgården, Tel. 0684-23011. Ein Rettungsschlitten hängt an der Außenwand. Entfernung nach Fjällnäs beträgt 9 km.

Norwegische Fjällstationen und Hütten

Svukuriset
Hedmark Fylke
819 m ü.d.M.
N 1719 II, W 1
Svukuriset, Tel. 064-595 26. Am Weg Elgå - Rövollen. Während der Saison werden Mahlzeiten serviert. Besitzer **DNT**. 30 Betten. Geöffnet ist diese Hütte: ca. 20.6. - 10.9. und Ostern.
Entfernungen: Grövelsjön 26 km. Skedbrostugan 26 km. Rövollen 19 km. Elgå 9 km.

Valdal Gård
Hedmark Fylke
803 m ü.d.M.
N 1719 II, W 1
Touristenquartier am Weg Grövelsjön - Elgå. Hütten und Zimmer. Im Sommer werden Mahlzeiten serviert. Selbstversorger. Sauna. Proviantverkauf. Besitzer Martin Valdal, Tel. 064-595 47.
Entfernungen: Grövelsjön 9 km. Sylen 14 km. Svukuriset 22 km.

Vauldalen
825 m ü.d.M.
N 1719 I, Z 8
Vauldalens Turiststation, Tel. 074-13100. Besitzer Olov Skott. 126 Betten. Restaurant. Während des ganzen Jahres geöffnet.
Entfernungen: Fjällnäs 12 km.

Ljøsnåvollen
Sør-Trøndelag Fylke
692 m ü.d.M.
N 1719 I, Z 8, W 1
Almhütte, Besitzer J. Feragen. Tel. Røros-1434. 20 Betten.
Entfernungen: Fjällnäs 22 km. Langen 24 km. Skedbro 24 km. Røvollen 24 km.

Marenvollen
Sør-Trøndelag Fylke
692 m ü.d.M.
N 1729 III
Hütte 15 km östlich von Røros. Besitzer **DNT**. Schlüssel bei DNT, Røros Turistkontor, Langen und Svukuriset. Proviant. Brennstoff. Gaskocher. Zugänglich 15.2. - 1.10.

Sylen
Sør-Trøndelag Fylke
770 m ü.d.M.
N 1719 II, W 1
Höfe am Nordwestende des Sees Grövelsjön. Unterkunft bei Ole Sylen, Tel. 064-595 35, Kåre Sylen, Tel. 064-595 27 und Martin Ryvang, Tel. 064-595 28. Besucher sollten ihre Ankunft telefonisch anmelden.

Andere Fjällregionen

Es gibt neben den bereits genannten großen Fjällgebieten viele andere, schöne Gebiete mit Wegen, Hütten und anderen Übernachtungsmöglichkeiten. Die Gegend um das Dreiländereck, beim »Treriksröset«, wo Norwegen, Schweden und Finnland zusammentreffen, ist ein solches. Die finnischen Grenzgebiete oder der Kungsleden zwischen Kvikkjokk und Ammarnäs, das Marsfjäll oder das Borgafjäll in Südlappland, Frostviksfjällen in Nordjämtland oder Fulufjället in Dalarna sind einige andere.

Tourenvorschläge

In der Umgebung der Hütten liegen oftmals besuchenswerte Ausflugsziele (vgl. auch Hüttenverzeichnis), für die es sich lohnt, einen Tag länger zu bleiben.

Man sollte immer einen Reservetag einkalkulieren und die Tour gründlich planen.

Wandertour im Marsfjäll

Dieses kleine Fjällmassiv ist vielleicht am bekanntesten geworden durch einen Roman des schwedischen Schriftstellers Bernhard Nordh, »I Marsfjällets Skugga« (Im Schatten des Marsfjälls). Das samische Kirchdorf Fatmomakke ist einen Besuch wert.

Kittelfjäll - Borgafjäll
82 km
23 EF, 22 F

Kittelfjäll - Borgafjäll: Markierter Sommerweg.

Startpunkt: Kittelfjäll. Hotel. Telefon. Busverbindungen nach Vilhelmina.

1. Tag: In südliche Richtung. Mittels Brücke über den Fluß Vojmån. Gleich danach steil hinauf durch Mischwald bis Vallentjälte. Weiter nach Südwesten nördlich an den Seen Rissjön und Bleriken vorbei bis **13 km Bleriken**, STF. Nottelefon.

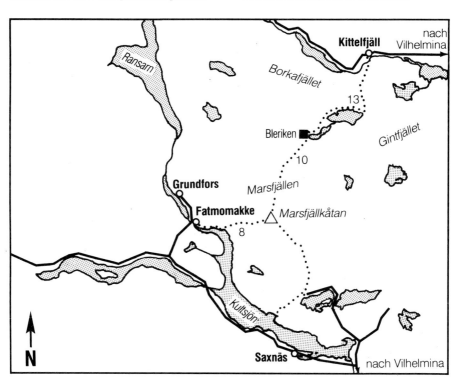

2. Tag: Nach Süden oberhalb der Baumgrenze über die Westseite des Marsfjälls bis zur **10 km Marsfjällskåtan** Rasthütte, STF. Weiter über Hochgebirgsterrain südlich am Ortsen vorbei. Von dort in südliche Richtung hinab bis **22 km Marsliden**. Dorf. Pension. Telefon. Busverbindung nach Vilhelmina über Saxnäs. Von Marsliden Landstraße bis Saxnäs (22 km), Dorf. Hotel. Telefon. Post. Busverbindung nach Vilhelmina.

3. Tag: Nach Südwesten über den Osthang des Satsfjäll. Weiter über den östlichen Teil des Norra Borgafjäll. Östlich am Gipfel Jengegietje vorbei bis **25 km Borgafjäll**. Hotel. Telefon. Post. Busverbindung nach Dorotea.

STF - Hütten im Marsfjäll

Die Angaben für den Zeitraum, in dem die STF-Hütten bewirtschaftet sind, können nur ungefähr sein, da Wind und Wetter den Wirt daran hindern können, die Hütte rechtzeitig zu erreichen, bzw. ihn drängen, die Saison eher zu beenden und die Hütte früher als vorgesehen zu verlassen.

Flaschengas ist nur solange vorhanden, wie ein Wirt anwesend ist.

Die Kartenangaben beziehen sich auf die »Fjällkarta«. Die Entfernungsangaben sind auf der Karte gemessen und nur ungefähre Richtwerte.

Bleriken
Lappland
790 m ü.d.M.
23 EF

Hütte etwa 250 m westlich des westlichen Teils des Sees Bleriken am Weg Kitteljäll - Fatmomakke. Zwei Schlafräume, 10 und 6 Betten, Aufenthaltsraum sowie Wirtsraum. Gemäß eines Erlasses der Bezirksregierung muß die Hütte zwischen 5.5. - 15.6. geschlossen sein. Die übrige Zeit ist sie für Besucher zugänglich. Nottelefon.
Ausflüge: Fieteres 6 km, 3 Stunden. Marsjället 1.589 m ü.d.M., 23 km. Trollskalet, Opferstein. Samenlager Bäversjön, 18 km NW.
Entfernungen: Kittelfjäll 13 km NO. Marsfjällkåtan 10 km SW. Fatmomakke 17 km SW.

Marsfjällskåtan
Lappland
900 m ü.d.M.
23 EF

Kote mit Schuppen auf der Westseite des Marsfjäll am Weg Kittelfjäll - Fatmomakke. Herd. STF versorgt die Kote nicht mit Brennmaterial. Dies ist in der Umgebung zu finden.
Entfernungen: Bleriken 10 km NO. Fatmomakke 8 km W. Marsliden 12 km SO.

Weitere STF - Hütten

Pältsa
Lappland
570 m ü.d.M.
32 J

Hütte im nördlichsten Lappland, am Nordufer des Pållutj-jåkka östlich vom Berg Pältsan. 13 km südwestlich des »Treriksröset«, dem Grenzpunkt, an dem Schweden, Finnland und Norwegen aufeinandertreffen. Am mit Steinhaufen markierten Weg von Kummavuopio nach Parasdalen in Norwegen. Zwei Räume mit 6 bzw. 4 Betten. Ganzjährig geöffnet. STF versorgt die Hütte nicht mit Brennmaterial, das aber in einer Entfernung von 1 km zum Sammeln vorhanden ist. Nottelefon. Bewirtschaftet: 28.3. - 1.5., 11.7.- 14.8.
Ausflüge: Pältsan 1.404 m ü.d.M., interessante Flora, 13 km 6 Stunden. Lassinantti-Fall, 1 km S.
Entfernungen: Kåltaluokta (Kilpisjärvi) mit Bootsanleger 14 km NO. Gappohyttene (Norwegen) 11 km NW. Kummavuopio 24 km O. Keinovuopio 34 km O. Torneträsk (Lainoviken) 130 km S.

Tangsjö
Dalarna
940 m ü.d.M.
W 2

Hütte bei den Seen Tangsjöarna im Naturreservat Fulufjället. Zwei Schlaf-

Andere Fjällregionen

räume mit je 4 Betten, sowie Aufenthaltsraum. Während des ganzen Jahres geöffnet.
Ausflüge: Njupeskärs Wasserfall 20 km 7 Stunden.
Entfernungen: Mörkret 15 km N. Gördalen 15 km W.

Andere Hütten im Fjäll

Arevattnet
Lappland
685 m ü.d.M.
24 EF
Hütte am Nordufer des Sees Arevattnet am Weg Krutvattent - Skalmodalen. Gehört der Landwirtschaftsbehörde. Zwei Räume, von denen einer der Allgemeinheit zugänglich ist. Rentierzüchter und Arbeitspersonal haben Vortrittsrecht. 4 Betten. Bettwäsche vorhanden. Herd. Brennmaterial in der Umgebung. Nottelefon.

Björnholmsstugan
Dalarna
580 m ü.d.M.
W 2
Bezirksverwaltung.
12 Betten. Selbstversorger.
Auskunft Lars Axel Magnussson, Tel. 0280-341 10.

Harrsjöstugan
Dalarna
902 m ü.d.M.
W 2
Staatliche Forstbehörde.
4 Betten. Selbstversorger.
Auskunft Tel. 0253-105 50.

Keinovuopio
Lappland
460 m ü.d.M.
32 J
Hütte mit 11 Betten. Auskunft August Jensen, Tel. 0981-202 10.
Vollständige Ausstattung für Selbstversorger. Brennmaterial. Zwei 4-Bett-Hütten.
Karl Mannela, Tel. 0981-202 12.

Kummavuopio
Lappland
480 m ü.d.M.
32 J
Einfache Hütte mit 12 Betten. Küche und Ausstattung für Selbstversorger. Besitzer Kiruna Kommune. Reservierung Tel. 0981-202 14.

Laisstugan
Lappland
660 m ü.d.M.
26 FG
Hütte am Weg von Lillviken nach Vindelkroken. Zwei Räume, davon einer mit 2 - 4 Betten, werden von Touristen genutzt. Keine Bettwäsche. Brennmaterial in der Umgebung. In schlechtem Zustand. Nottelefon.

Lillviken
Lappland
470 m ü.d.M.
26 FG
Unterkunft bei Edvin Fjellman, Tel. 0961-115 67. 8 Betten. Selbstversorger. Boottransfer. Verleih von Booten.

Ljusliden
Lappland
750 m ü.d.M.
23 EF
Hütte auf der Westseite des Ransaren, ca. 1 km nördlich des Flußes Ransarån. Gehört der Landwirtschaftsbehörde. Zwei Räume, einer für die Allgemeinheit geöffnet. Rentierzüchter und Arbeitspersonal haben Vortrittsrecht. 4 Betten. Bettwäsche vorhanden. Herd. Brennmaterial in der Umgebung. Telefon.

Mavas
Lappland
550 m ü.d.M.
27 G
Samenlager am Nordufer des Sees Mavasjaure. Unterkunft bei Roald Evenström, Tel. 0961-452 34. Zwei Hütten mit 15 Betten und zwei Hütten mit je 4 Betten. Ausstattung für Selbstversorger. Proviantverkauf. Boottransfer.

Naimakka
Lappland
401 m ü.d.M.
Z 31 JK
Zwei Hütten mit 8 und 3 Betten. Oscar Siikavuopio, Tel. 0981-202 28. Selbstversorger. Brennmaterial.

Rösjöstugan
Dalarna
900 m ü.d.M.
W 2
Staatl. Forstbehörde. 20 Betten. Selbstversorger. Teilweise Proviantverkauf. Nottelefon. Hüttenwirt. Auskunft Tel. 0253-105 50.

Saarikoski
Lappland
445 m ü.d.M.
31 JK
Eine Hütte mit 3 Betten und zwei Hütten mit je 6 Betten. Besitzer August Kihl, Tel. 0981-202 13. Ausstattung für Selbstversorger. Brennmaterial.

Sandviken
Lappland
520 m ü.d.M.
26 FG
Hof am Nordoststrand des Tjaktjaure. Unterkunft in kleinen Hütten für Selbstversorger bei Jenny Ranfjäll, Tel. 0961-115 70. Angelmöglichkeiten.

Sielkentjakk
Jämtland
575 m ü.d.M.
22 E
In der Nähe des Fjälls Sielkentjakke nahe dem Südende des Sees Bliereke. Nottelefon. Zwei Räume mit Kamin. Brennmaterial fehlt. Ganzjährig geöffnet.

Sädvaluspen
Lappland
465 m ü.d.M.
26 FG
Unterkunft auf Bestellung bei Erland Dahlberg, Tel. 0961-115 44, und Rune Sundgren, Tel. 0961-115 43. Auf Bestellung Busverkehr zur Grenze.

Tangsjöstugan
Dalarna
940 m ü.d.M.
W 2
Bezirksregierung. 12 Betten. Selbstversorger. Auskunft Tel. 0280-341 10

Tangåstugan
Dalarna
780 m ü.d.M.
W 2
Staatliche Forstverwaltung. (Domänverket) 4 Betten. Selbstversorger. Auskunft: Tel. 0253-105 50.

Tjåkkele
Lappland
675 m ü.d.M.
23 EF
Hütte am Ransarån am Weg von Harvasdalen nach Dorronpiken. Gehört der Landwirtschaftsbehörde. Zwei Räume, davon einer der Allgemeinheit zugänglich. Rentierzüchter und Arbeitspersonal haben Vortrittsrecht. 4 Betten, Bettwäsche. Herd. Brennmaterial in der Umgebung.

Vuonatjviken
Lappland
520 m ü.d.M.
26 H
Hof am Kungsleden am Nordufer des Sees Riebnesjaure. Unterkunft bei Elin und Tage Johansson, Tel. 0961-430 15. Selbstversorger. Brennmaterial. Angelmöglichkeiten, Angelkarte, Bootsverleih.

Västerfjäll
Lappland
455 m ü.d.M.
26 H
Höfe am Kungsleden an der Nordseite des Tjeggelvas. 10 Betten. Ausstattung für Selbstversorger. Brennmaterial. Angelmöglichkeiten und Angelkarte. Per Anderson, Tel. 0961-450 26, Oskar Rankvist, Tel. 0961-450 27.

Andere Fjällregionen **77**

Åtnik
Lappland
650 m ü.d.M.
23 EF
 Hütte am Nordufer des Flußes Vajmån, südlich des Vardofjälls. Landwirtschaftsbehörde. Zwei Räume, einer der Allgemeinheit zugänglich. Rentierzüchter und Arbeitspersonal haben Vortrittsrecht. 4 Betten. Herd. Brennmaterial in der Umgebung. Telefon.

Norwegische Fjällstationen und Hütten

Allgemeine Auskunft siehe S. 15.

Argaladhytta
Nordland Fylke
560 m ü.d.M.
N 2128 I
 Hütte am Weg von Balvatn nach Graddis. Besitzer **B**. Unverschlossen. 3 Betten. Brennmaterial. Gaskocher.

Balvasshytta
Nordland Fylke
600 m ü.d.M.
N 2128 I
 (Balvannshytten) Am Südufer des Balvatn im Tal Skaitidalen. Schlüssel bei **S** (Besitzer) und Sulitjelma Turist- und Kurssenter, Furulund, N-8230 Sulitjelma. Raum mit 4 Betten. Gaskocher.

Dividalshytta
Troms Fylke
620 m ü.d.M.
N 1632 II
 Zwei Hütten am Weg Dærtahytta - Vuomahytta. Besitzer **DNT**, Schlüssel bei DNT, TT und Inger Stenbakken, Kiosk an der Straßenkreuzung Holt/Dividalen. Achtung! Die Hütten liegen in einem Nationalpark.
 1 Hütte mit kombiniertem Küchen-/ Aufenthaltsraum und zwei 10-Bett-Räumen.
 2 Hütte mit Küche und Bettnischen, zwei Schlafräume mit je 10 Betten.
 Gaskocher für Gaskartuschen des Typs Primus 2202.
Entfernungen: Dærtahyttene 30 km. Vuomahytte 19 km. Frihetsli i Dividalen 13 km.

Dærtahytta
Troms Fylke
720 m ü.d.M.
N 1632 IV, 32 J, 31 JK
 Hütten am Weg von Rostahytta nach Dividalshytta. Besitzer **TT**. Schlüssel bei TT, DNT und Inger Stenbakken, Kiosk an der Straßenkreuzung Holt/Dividalen. Achtung! Die Hütten liegen in einem Nationalpark.
 1 Hütte mit drei Räumen und 8 Betten.
 2 Hütte mit kombiniertem Küchen-/ Aufenthaltsraum, zwei Schlafräumen mit insgesamt 10 Betten.
 Gaskocher für Gaskartuschen des Typs Primus 2202.
Entfernungen: Dividalshytta 30 km. Rostahyttene 18 km. Frihetsli i Dividalen 26 km.

Gappohytta
Troms Fylke
706 m ü.d.M.
N 1633 III, 32 J
 Hütte am Weg zwischen Treriksröset/Gåldahytta und Signaldalen - Rostahytta. Besitzer **DNT**. Schlüssel bei DNT, TT und Alfred Nymo, N-9046 Oteren, Signaldalen. Tel. 089-151 30. Weg zur Hütte Pältsastuga. Zwei Hütten mit je zwei Schlafräumen, kombiniertem Küchen- und Aufenthaltsraum. Insgesamt 20 Betten. Gaskocher.
Entfernungen: Gåldahyttene 14 km. Rognli Gård 13 km. Rostahytta 27 km. Pältsastugan 12 km.

Gaskashytta
Troms Fylke
530 m ü.d.M.
N 1532 III
 Hütte am Weg Vuomahytta - Inset (Altevatn). Besitzer **DNT**. Schlüssel bei DNT, TT und Setermoen Sportsforretning (Sportgeschäft), Tel. 089-815 93. Hütte mit zwei Schlafräumen und kombiniertem Küchen- und Aufenthaltsraum. Insgesamt 10 Betten.

Entfernungen: Vuomahytta 21 km. Inset 15 km. Lappjordhyttene 36 km.

Græslihytta
Sør-Trøndelag Fylke
600 m ü.d.M.
N 1721 III
Hütte am Weg zwischen Schultzhytta und Nordpå. Besitzer **T.** Schlüssel bei T und Storeriksvollen sowie Nordpå in der Saison, außerdem bei Harald Græsli in Tydal; Tydal Turistkontor und Tydal Bil & Elektro, Ås i Tydal; Ivar Ørnbø, Selbu. Zwei Räume mit insgesamt 12 Betten. Proviant, Brennmaterial ist vorhanden.
Entfernungen: Schultzhytta 19 km. Nordpå 21 km.

Gåldahytta
Troms Fylke
527 m ü.d.M.
N 1633 II, 32 J
Hütte am Weg zwischen Gappohytta und Helligskogen, westlich des Treriksröset (Dreiländereck Schweden, Norwegen, Finnland). Besitzer **TT.** Schlüssel bei TT, DNT, Zollstation Kilpisjaure und Norrodd Jensen, Kitdalen, N-9046 Oteren, Tel. 089-14731. Zwei Räume mit insgesamt 10 Betten. Extramatratzen. Kombinierter Küchen- und Aufenthaltsraum. Gaskocher.
Entfernungen: Galgojavre 17 km. Siilastupa 14 km (nur Winterweg). Gappohytta 14 km.

Kjølihytta
Sør-Trøndelag Fylke
1.010 m ü.d.M.
N 1720 IV, Sylane 1 : 100.000
Hütte an einem Teich ca 1 km östlich des Kjølibergwerks. Besitzer **T.** Schlüssel bei Harald Græsli in Tydal und Martin Nordfjell (Taxi) i Stugudal, Nordpå i Haltdalen, Tydal Bil & Elektro, Ås i Tydal. Zwei Räume mit insgesamt 12 Betten. Proviant. Brennmaterial.
Entfernungen: Nordpå 26 km. Væktarstua 18 km.

Kvilebua
Troms Fylke
N 1632 II
Offene Hütte am Parkplatz 2 km oberhalb des Hofes Frihetsli i Dividalen. Nicht für Übernachtungen vorgesehen.

Langen
Sør-Trøndelag Fylke
N 1719 I
Hof Langen Gård und Turiststation. Besitzer Margit und Odd Langen, N-7460 Røros, Tel. 074-13718. Hauptgebäude mit 12 Betten. Restaurantbetrieb. 5 Hütten für Selbstversorger. 20 Betten. Turiststation geöffnet: Ostern und 15.6. - 8.9. Die Hütten sind während des ganzen Jahres geöffnet. Guter Startpunkt für Touren in die Femundsmarka. Markierter Weg nach Ljøsnavollen, 3,5 Stunden. Marenvollen, 6 Stunden. Moen-Seter i Tufsingdalen 6-8 Stunden. Angelmöglichkeiten. Gutes Skigebiet.
Entfernungen: Røros 32 km. Sørvika 3 km.

Lønstua
Nordland Fylke
495 m ü.d.M.
Z N 2128 III
Hütte zwischen der E 6 und dem Polarkreis Højfjellshotel in Lønsdal. Besitzer **B.** Schlüssel in Lønsdal. 5 Räume mit insgesamt 18 Betten und zwei kombinierten Küchen-/Aufenthaltsräumen. Strom.

Nordpå
540 m ü.d.M.
N 1720 IV, C 5-6
Nordpå in Aunegrenda. Holtålen, Tel. 074-16987. Besitzer Holtålen Kommune. 35 Betten, ganzjährig geöffnet.
Entfernungen: Haltdalen 10 km.

Ramsjøhytta
Sør-Trøndelag Fylke
781 m ü.d.M.
N 1721 II, Sylane 1 : 100.000
Hütte am Ostende des Sees Ramsjøen. Besitzer **T.** Schüssel bei T, Storeriksvol-

Andere Fjällregionen

len und Schultzhytta im Sommer und zu Ostern. Bei Tydal Bil & Elektro und Tydal Turistkontor, Ås i Tydal, Inga Stokke, Stordalsvollen i Meråker; Harald Græsli i Tydal und Ivar Øverbø, Selbu (Selburuta). 6 Räume mit insgesamt 24 Betten. Proviant. Brennmaterial.
Entfernungen: Schultzhytta 15 km. Storeriksvollen 18 km.

Rostahytta
Troms Fylke
465 m ü.d.M.
N 1632 IV, 32 J, 31 JK
Hütte am Weg zwischen Gappohytta und Dærtahytta. Besitzer **DNT**. Schlüssel bei DNT, TT und Aslaug Tverrelvmo, N-9234 Øverbygd, Tel. 089-388 21.
1 Hütte mit Aufenthalts- und Schlafraum, 12 Betten.
2 Hütte mit Aufenthaltsraum und drei Schlafräumen, 8 Betten. Brennmaterial. Gaskocher, der mit Kartuschen des Typs Primus 2202 betrieben wird. Unmarkierter Weg zum Rostavatn.
Entfernungen: Gappohyttene 27 km. Tverrelvmoen 14 km. Dærtahytta 18 km.

Schultzhytta
583 m ü.d.M.
N 1721 III
Sylane 1:100.000
Schultzhytta. Kein Telefon. Besitzer **TT**. 30 Betten. Bewirtschaftet: 15.7. - 15.8. und Ostern. Selbstversorger und Proviantverkauf während der übrigen Zeit. Brennmaterial. Schlüssel in Storeriksvollen (wenn diese Hütte bewirtschaftet ist); Ivar Øverbø, Selburuta, Nesta; Inga Stokke, Stordalsvollen i Meråker; Harald Græsli, Tydal Bil & Elektro und Tydal Turistkontor, Ås i Tydal.
Entfernungen: Ramsjøhytta 15 km. Græslihytta 20 km. Stordal 21 km.

Skaitihyta
Siehe Balvashytta.

Tjorvihytta
Nordland Fylke
600 m ü.d.M.
N 2128 I
Hütte am Nedre Tjorvivatn, nördlich des Balvatn, gelegen. Besitzer **S**. Schlüssel bei S und Sulitjelma Turist- und Kurssenter, Furulund, N-8230 Sulitjelma. 8-10 Betten. Brennmaterial. Gaskocher.

Trygvebu
Nordland Fylke
440 m ü.d.M.
N 2128 I
Hütte am Weg von Graddis nach Balvatn in der Nähe des Skaiti-Hofes, wo auch der Schlüssel erhältlich ist. Besitzer **B**. 14 Betten. Brennmaterial. Strom. Gaskocher.

Vuomahytta
Troms Fylke
712 m ü.d.M.
N 1632 II
Hütte am Weg Dividalshytta - Gaskashytta. Besitzer **DNT**. Schlüssel bei TT, DNT und Inger Stenbakken, Kiosk an der Straßenkreuzung Holt/Dividalen. Achtung! Die Hütte liegt in einem Nationalpark. Eine Hütte mit kombiniertem Küchen-/Aufenthaltsraum und zwei Schlafräumen. Insgesamt 10 Betten.
Entfernungen: Dividalshytta 19 km. Gaskashytta 29 km.

Unterkunftsmöglichkeiten in den finnischen Grenzgebieten

Gebühren

Die Gebühren für Aufenthalte in den Hütten der finnischen Forstverwaltung beträgt 20,- FM pro Person. Familien und Teilnehmern organisierter Wanderungen werden Ermäßigungen eingeräumt.

Schlüssel

Die Schlüssel für die Hütten werden in den Touristenbüros und sogenannten Wanderzentralen ausgegeben. Es wird eine Pfandgebühr von 100,- FM erhoben, die bei Rückgabe des Schlüssels erstattet wird. Die Schlüssel für die Hütten der Armee werden von Kilpisjärvi Vandrarcentrum, SF-99490 Kilpisjärvi, Tel. 9696-77771, verwahrt. Öffnungszeiten siehe unten. Ansonsten nimmt die Forstverwaltung für Westlappland Reservierungen entgegen: Forststyrelsens Västra Lapplands vårdområde, SF-95700 Pello, Tel. 9695-12021.

Ausstattung

Die Fjällhütten sind ausgestattet mit Gaskochern für Flaschengas und dem für Selbstversorger notwendigen Geschirr. Holz für den Ofen ist in der Regel vorhanden.

Finnlands Touristverband
Mikaelsgatan 25
Box 776
SF-00101 Helsinki
Tel. 90-1708 68

Aatsa
Karte 1832 - 11
1 In der Nähe des Damms am Ostufer des westlichen Armes des Flusses Aatsaälv, der in den Könkämäeno mündet. Gegen Kälte isolierte Hütte aus Hartplastik. 1970 für 10 Personen gebaut. Kamin. Besitzer: Forstverwaltung.
2 Hütte auf der Südseite des oben genannten Dammes. Blockhütte für 10 Personen. Kamin. Besitzer Forstverwaltung.
Entfernungen: Schwedische Grenze 8 km.

Ailakkajärvi
Karte Halti-Kilpisjärvi
32 J
Hütte am Ufer des Ailakkasjö, ca. 5,5 km von Nedre-Kilpisjärvi entfernt. Gegen Kälte isolierte Hütte aus Hartplastik für 10 Personen. Sie hat die Farbe orange, wurde 1970 gebaut und ist mit Kamin ausgestattet. Telefon. Besitzer: Forstverwaltung.

Kilpisjärvi
Karte Halti - Kilpisjärvi
32 J
Kilpisjärvi Vandrarcentrum, Tel. 9696-77771. 70 Betten in der Jugendherberge, 64 Betten in Hütten. Campingplatz. Restaurant. Geöffnet: 12.3. - 14.5., 11.6. - 18.9. 10 % Mitgliederrabatt auf die Zimmerpreise.

Kuokimasjön
Karte Halti - Kilpisjärvi
32 J
Winterfeste Holzhütte am Strand des Kuokimasjön, 500 m nordöstlich des Dreiländerecks, »treriksröset«.
6 Betten. Kamin. Gaskocher. Telefon.

Purastshohka
Karte 1841 - 04
Hütte am Purjasjoki (Purttasjohka), ca. 18 km östlich von Nedre Kilpisjärvis Südspitze, dort wo der Fluß sich in mehrere Arme verzweigt. Gegen Kälte isolierte Blockhütte mit zwei Räumen. Errichtet 1969. Unterkunftsmöglichkeiten für 12 und 10 Personen. Kamin. Besitzer: Forstverwaltung.

Ropi
Karte 1832 - 09
Hütte am Ostufer des Flußes Ropiälv an der Stelle, an der die Rentiere zusammengetrieben und später markiert werden. Zwischen Ropifjäll und Akkispahtafjäll. Gegen Kälte isolierte Blockhütte für 12 Personen. Gebaut 1969. Kamin. Besitzer: Forstverwaltung.
Entfernungen: Schwedische Grenze 8 km.

Terbmisjärvi
Karte Halti - Kilpisjärvi
32 J
Gegen Kälte isolierte Blockhütte am Nordufer des Tierbmesjavre (Terbmisjaure) mit zwei Räumen. Im offenen Teil Platz für 12, in dem verschlossenen für 10 Personen. Kamin und Gaskocher. Telefon. Besitzer Forstverwaltung.
Entfernungen: Kilpisjärvi Turisthotel 15 km.

Andere Fjällregionen

Unterkunft

Verzeichnis der STF - Jugendherbergen, Hotels, Hütten und anderer Übernachtungsmöglichkeiten bei der Anreise und im Fjäll

Abisko
Lappland
BD 6
Abisko Turiststation, s. Kirunafjällen.
Adresse: 980 24 Abisko.
Entfernung: Kiruna 93 km.

Ammarnäs
Lappland
AC 2
STF-Jugendherberge, Jonsstuga, Fack 118. Tel. 0952-60045. 36 Betten, während des ganzen Jahres geöffnet. 15.8. - 13.6. nur Gruppen, Vorbestellung ist notwendig.
Ammarnäsgården, Tel. 0952-60049.
Forsvalls Feriendorf, Tel. 0952-60036.
Grundströms Feriendorf, Tel. 0952-60010. Vindelåforsens Feriendorf, Tel. 0952-60049. Lägergården, Tel. 0952-60024, 10495.
Adresse: 920 75 Ammarnäs.
Entfernung: Sorsele 91 km.

Anjan
Jämtland
Z 4
Anjans Fjällstation, Tel. 0980-40040.
Adresse: 830 15 Järpen.
Entfernung: Järpen 87 km.

Arådalen
Jämtland
Z 7
STF-Jugendherberge, Arådalens Turiststation, Tel. 0687-14054 während der Saison, Tel. 0611-22060 in der übrigen Zeit. 10 Betten. Während des ganzen Jahres geöffnet. 1.9. - 18.6. nur Gruppen, Vorbestellung notwendig.

Adresse: 840 31 Åsarna.
Entfernung: Börtnan 30 km. Åsarna 70 km.

Björkliden
Lappland
BD 6
Björklidens Turiststation, Tel. 0980-40040.
Adresse: 980 26 Björkliden.
Entfernung: Abisko 9 km, Riksgränsen 26 km, Kiruna 103 km.

Björkudden
Lappland
28 I
Öbergs Fjällhütten auf der Südseite des Langas, Tel. 0973-41015. Boot- und Skootertransport. Bootsverleih.
Adresse: Björkudden, 97200 Gällivare.

Björkvattnet
Jämtand
22 E
STF-Jugendherberge, Björkvattnett 1425, Tel. 0672-23024. 20 Betten, während des ganzen Jahres geöffnet. 1.9. - 9.6. Vorbestellung notwendig.
Adresse: 830 90 Gäddede.

Blåhammaren
Z 6
Siehe Fjällstation Blåhammaren, S. 54.

Blåsjön
Jämtland
22 E
Blåsjöns Fjällhotel und Feriendorf, Tel. 0672-21040.
Adresse: 830 93 Stora Blåsjön.
Entfernung: Strömsund 185 km.

Bollnäs
Hälsingland
T 5
STF-Jugendherberge, Lenninge Gutshof, 4 km südlich von Bollnäs an der Reichsstraße 83, Tel. 0278-23092. 50 Betten, während des ganzen Jahres geöffnet.
Adresse: 821 00 Bollnäs.
Entfernung: Sveg 175 km.

Borgafjäll
Lappland
T 6, 7
Hotel Borgafjäll, Tel. 0942-420 16. Berghütten des Borgagården, Tel. 0942-420 22. Sutme Feriendorf, Tel. 0942-108 00. Polarbyn Feriendorf, Tel. 0942-112 06, 420 42.
Adresse: 910 77 Borgafjäll.
Entfernung: Dorotea 105 km.

Borlänge
Dalarna
STF-Jugendherberge, Kornstigen 23 A, Tel. 0243-276 15. 75 Betten, während des ganzen Jahres geöffnet.
Adresse: 781 60 Borlänge.

Bruksvallarna
Härjedalen
Z 8
Bruksvallarnas Fjällhotel, Tel. 0684-210 25. Feriendorf Bruksvallarna, Tel. 0684-202 80. Hotel und Feriendorf Bruksvallsliden, Tel. 0684-200 20. Hotel Ramundberget, Tel. 0684-270 10. Freizeitanlage Ramundberget, Tel. 0684-270 18. Walles Fjällhotel und Feriendorf, Tel. 0684-201 00.
Adresse: 820 97 Bruksvallarna.
Entfernung: Funäsdalen 15 km.

Bydalen
Jämtland
Z 7
Bydalens Fjällanläggningar, Tel. 0643-320 11. Fjällhalsens Turistanläggning, Tel. 0643-320 37.
Adresse: 830 01 Hallen.
Entfernung: Hallen 21 km.

Dikanäs
Lappland
T 6, 7
STF-Jugendherberge, siehe Kittelfjäll. Dikanäsgården, Tel. 0940-800 53. Dikanäs Feriendorf und Camping, Tel. 0940-800 79. Hotel Granen Henriksfjäll, Tel. 0940-810 14.
Adresse: 910 94 Dikanäs.
Entfernung: Vilhelmina 104 km.

Dorotea
Lappland
T 6, 7
Hotel Dorotea, Tel. 0942-108 10. Björnens Feriendorf und Camping, Tel. 0942-102 38.
Adresse: 910 70 Dorotea.
Entfernung: Vilhelmina 56 km.

Duved
Jämtland
Z 6,7
Hotel Duvedsgården, Tel. 0647-200 03. Millesgården, Tel. 0647-200 45. Motel Gyllene Renen, Tel. 0647-200 78. Pension Mullfjället, Tel. 0647-200 04. Backs Feriendorf, Tel. 0647-200 08. Duveds Feriendorf, Tel. 0647-201 82. Duveds Gebirgsferiendorf, Tel. 0647-202 30. Pålles Feriendorf, Tel. 0647-203 66. Solhyllan, Tel. 0647-202 23. Tegefjäll, Tel. 0647-206 46.
Adresse: 830 15 Duved.
Entfernung: Duved 1 - 3 km.

Edsåsdalen
Jämtand
Z 7
Danielsgården, Tel. 0647-331 14. Dalens Gård, Tel. 0647-331 01. Härnosands stifts Fjällgård, Tel. 0647-301 79. Köja Fjällhotel, Tel. 0647-331 40. Renfjällsgården, Tel. 0647-331 27. Edlers Fjällpension, Tel. 0647-300 65. Hedungs Feriendorf, Tel. 0647-331 52.
Adresse: 830 10 Undersåker.
Entfernung: Undersåker 7 - 9 km.

Enafors
Jämtland
Z 6
Freizeithof der Königlichen Forst- und Landwirtschaftsakademie (Kungliga Skogs- och Lantbruksakademi), Enaforsholm, Tel. 0647-730 26. Fjällhotel Jämtlandia, Tel. 0647-730 12.
Adresse: 830 15 Duved.
Entfernung: Östersund 148 km.

Falun
Dalarna
T 3, 4
STF-Jugendherberge im Internat der Haraldsbo-Schule, 4 km östlich des Zentrums gelegen, an der Straße 80 in Richtung Gävle, Tel. 023-10560. 278/98 Betten. Während des ganzen Jahres geöffnet, 14.12 - 13.1. nur Gruppen und auf Vorbestellung.
Adresse: Box 3002, 791 03 Falun.
Entfernung: Gävle 96 km. Grövelsjön 275 km.

Fjällnäs
Härjedalen
Z 8
Fjellnäs Högfjells Pensionat, Tel. 0684-23030.
Adresse: 820 98 Tänndalen.
Entfernung: Funäsdalen 24 km.

Funäsdalen
Härjedalen
Z 8
Baggårdens Freizeithof, Messlingen, Tel. 0684-26200. Erikagårdens Fjällhotel, Tel. 0684-21006, 21995. Hotel Funäsdalen, Tel. 0684-21430. Funäsdalens Turistgård, Tel. 0684-21104. Wirtshaus Grönländaren, Tel. 0684-21095. Kåvanhütten, Tel. 0684-21435,Tel. 21543. Norrbyns Feriendorf, Tel. 0684-21205.
Adresse: 820 95 Funäsdalen.
Entfernung: Bis 30 km zum Zentrum.

Furudal
Dalarna
STF-Jugendherberge, Järnvägsgatan, Tel. 0258-10580. 38 Betten, während des ganzen Jahres geöffnet. 15.8. - 11.1. für Gruppen auf Vorbestellung.
Adresse: Box 40, 791 03 Furudal.

Gauto
Lappland
26 FG
Marklunds Turistinformation und Angelcamp, Tel. 0961-28003.
Adresse: 930 93 Laisvall.
Entfernung: Arjeplog 70 km.

Gräftåvallen
Jämtland
W 1
Gräftåvallens Feriendorf, Tel. 0643-52010, 52012.
Adresse: 840 44 Oviken.
Entfernung: Myrviken 30 km.

Grönfjäll
Lappland
23 EF
Bengt Karlssons Feriendorf, Tel. 0940-87019. Grönfjälls Feriendorf, Tel. 0940-11100.
Adresse: 910 94 Dikanäs.
Entfernung: Kittelfjäll 10 km, Dikanäs 20 km.

Grövelsjön
Dalarna
W 1
Grövelsjöns Fjällstation siehe S. 71. Lövåsgårdens Fjällhotel, Tel. 0253-29029. Grövelsjögården, Tel. 0253-23100. Pension Gunneborg, Tel. 0253-29031. Sjöstugan, Tel. 0253-23045. Björnlidens Fjällferiendorf, Tel. 0253-29040.
Adresse: 790 91 Idre.
Entfernung: Idre ca. 40 km.

Gåsvarv
(Älvdalen)
Dalarna
T 3
STF-Jugendherberge an der Straße 295, 5 km südlich der Kirche von Älvdalen, Tel. 0251-51032. 59 Betten, während des ganzen Jahres geöffnet, 1.9. - 22.5. Vorbestellung nötig.
Adresse: Gåsvarv, 796 00 Älvdalen.
Entfernung: Sälen 85 km. Grövelsjön 155 km.

Gäddede
Jämtland
22 E
Gäddede Hüttenferiendorf, Tel. 0672-10035 (Sommer), 10500 (Winter). Gäddede Turisthotel, Tel. 0672-10320.
Adresse: 830 90 Gäddede.
Entfernung: Strömsund 130 km.

Gällivare
Lappland
T 9, 10
STF-Jugendherberge »Andra Sidan«, Box 500, Tel. 0970-143 80. 76 Betten, während des ganzen Jahres geöffnet.
Stiftelsen Dundret, Tel. 0970-145 60.
Nira Freizeitdorf, Tel. 0970-180 00. Killingi Turistanläggningar, Tel. 0970-600 50. Skaulo Hüttendorf, Tel. 0970-500 52. Sjöfallets Turistanläggningar und Wohnwagenzentrum, Tel. 0970-186 63, 186 64.
Adresse: 972 00 Gällivare.
Entfernung: Flugplatz 9 km. Kiruna 125 km. Luleå 250 km.

Gävle
Gästrikland
T 4
STF-Jugendherberge in »Gamla Gefle«, Tel. 026-121 745. 70 Betten, während des ganzen Jahres geöffnet, außer 17.12 - 8.1.
STF-Jugendherberge, Engeltofta, Tel. 026-961 60. 74 Betten, während des ganzen Jahres geöffnet, 21.8. - 10.6. nur Gruppen, Vorbestellung notwendig.
Adresse: Södra Rådmansgatan 1, 802 22 Gävle.
Entfernung: Sundsvall 222 km.

Handöl
Jämtland
Z 6
Handöls Hüttendorf und Wirtshaus, Tel. 0647-720 74.
Adresse: 830 15 Duved.
Entfernung: Enafors 7 km.

Hede
Härjedalen
Hede-Sånfjället-Linsell
Wirtshaus Sånfjäll, Tel. 0684-100 64. Nysäterns Fjälldorf, Tel. 0684-610 13. Fjällhütte Orren, Tel. 0684-103 21. Jennies Hütten, Tel. 0684-130 60. Ellas Camping, Tel. 0684-130 54. Hede Camping und Hütten, Tel. 0684-110 20.
Adresse: 820 93 Hede.
Entfernung: Funäsdalen 66 km.

Hemavan
Lappland
AC 2
Hemavans Fjällhotel, Tel. 0954-301 50. Hemavans Wirtshaus, Tel. 0954-300 44. SMU Fjällgård Hemavan, Tel. 0954-300 27. Stabbfors Fjällhütten, Tel. 0954-370 31. Kåtavikens Hüttendorf Vilasund, Tel. 0954-360 18. Umforsgården, Tel. 0954-310 25. Hemavans Wohnwagenzentrum, Tel. 0954-301 20.
Adresse: 920 66 Hemavan.
Entfernung: Tärnaby 20 km.

Huså
Jämtland
Z 7
Huså Fjällferiendorf, Tel. 0647-420 89, 420 34.
Adresse: 830 05 Järpen.
Entfernung: Järpen 27 km. Åre 8 km (übers Gebirge).

Håvre
Hälsingland
T 5
STF-Jugendherberge, 12 km nordwestlich von Färila an der Reichsstr. 84, Tel. 0651-260 55. 36 Betten, ganzj. geöffnet, Vorbestellung notwendig 18.8. - 12.6.
Adresse: Håvra, 820 42 Korskrogen.
Entfernung: Bollnäs 90 km. Sveg 85 km.

Häggsjönäs
Jämtland
Z 6
Häggsjönäs Feriendorf, Tel. 0647-250 28. Mauds Hütten, Tel. 0647-250 42.
Adresse: 830 13 Åre.
Entfernung: Duved 20 km.

Höglekardalen
Jämtland
Z 7
Höglekardalens Feriendorf, Tel. 0643-320 27, 08-850 330. Höglekardalens Fjällpension, Tel. 0643-320 14.
Adresse: 830 01 Hallen.
Entfernung: Hallen 23 km. Östersund 85 km.

Idre
Dalarna
W 1
STF-Jugendherberge, Larsgården, Box 101, Tel. 0253-202 28, 56 Betten. Geöffnet 30.5. - 28.9.
Lillgården AB, Tel. 0253-201 16.
Mon Gård, Tel. 0253-260 00.
Idre Sporthotel, Tel. 0253-206 66.
AB Idre Alpin, Tel. 0253-201 16.
Gränesjövalens Småstugor (Hütten), Tel. 0253-401 06.
Idre Logi, Tel. 0253-204 75.
Hotel Idregården, Tel. 0253-200 10.
Idre Fjäll, Tel. 0253-400 00.
Fjätervålens Freizeitgebiet, Tel. 0253-211 43.
Adresse: 790 91 Idre.
Entfernung: Mora 148.

Jokkmokk
Lappland
T 8/10
STF-Jugendherberge, Schulheim, Stockgatan 24 a-h, Box 36, Tel. 0971-119 77. 60 Betten. Geöffnet 13.6. - 10.8. Außerhalb der Saison Vorbestellung beim Turistcenter Jokkmokk, Tel. 0971-123 70.
Årrenjåkka Turistservice, Tel. 0971-230 18. Tuoljas Angelcamp, Tel. 0971-111 83.
Adresse: 960 40 Jokkmokk.
Entfernung: Murjek 62 km. Kvikkjokk 119 km. Porjus 46 km.

Jormlien
Jämtland
22 E
Jormliens Fjällgård, Tel. 0672-200 06, 200 31. 67 Betten.
Adresse: 830 90 Gäddede.
Entfernung: Östersund 275 km.

Jukkasjärvi
Lappland
Jukkasjärvi Gasthof und Heimatmuseum, Tel. 0980-211 90.
Adresse: 980 21 Jukkasjärvi.
Entfernung: Kiruna 17 km. Flugplatz Kiruna 10 km.

Jäkkvik
Lappland
26 H
Jäkkvik Feriendorf, Tel. 0961-210 23, 211 20.
Adresse: 930 95 Jäkkvik.
Entfernung: Arjeplog 65 km.

Kall
Jämtland
Z 4, 5
STF-Jugendherberge, Kallgården Fjällhotel, Tel. 0647-412 00. 22 Betten. Geöffnet 1.5. - 30.9.
Edsgården, Tel. 0647-410 16. Kallgården, Tel. 0647-412 00. Kalls Gästgiveri, Tel. 0647-410 12.
Adresse: 830 05 Järpen.
Entfernung: Järpen 21 km.

Karesuando
Lappland
T 9
STF-Jugendherberge gegenüber Grapes Hotel, Tel. 0981-200 22. 32 Betten. Geöffnet 30.5. - 30.8.
Grapes Hotel, Tel. 0981-200 22.
Adresse: 980 16 Karesuando.
Entfernung: Kiruna 185 km.

Kebnekaise
Lappland
Bd 6, 8, T 10
Siehe S. 36.

Kiruna
Lappland
29 J
STF-Jugendherberge am Strandstigen (an der Ausfahrt nach Nikkaluokta), Tel. 0980-171 95, 127 84. 90 Betten. Geöffnet 13.6. - 31.8. Post wird zugestellt Tynne Isaksson, Brytaregatan 9, 981 34 Kiruna.
Hotel Fyra Vindar, Tel. 0980-120 50, 120 51. Hotel Kebne, Tel. 0980-123 80. Hotel Ferrum mit dem Reihenhausdorf Ripan, Tel. 0980-186 00. Samegården Kiruna, Tel. 0980-170 29.
Adresse: 981 90 Kiruna.
Entfernung: Gällivare 125 km. Luleå 360 km.

Kittelfjäll
Lappland
23 EF
STF-Jugendherberge, Hotel Kittelfjäll, Tel. 0940-81020. 62 Betten, geöffnet 13.6. - 20.9.
Hotel Kittelfjäll, Tel. 0940-81020.
Adresse: 910 94 Dikanäs.
Entfernung: Dikanäs 26 km. Vilhelmina 130 km. Storuman 106 km.

Klimpfjäll
Lappland
23 EF
Hotel Stekenjokk, Tel. 0940-71033.
Klimpfjälls Feriendorf, Tel. 0940-11100. Soldalens Feriendorf, Tel. 0940-11100.
Adresse: 912 00 Vilhelmina.
Entfernung: Vilhelmina 126 km.

Klippen
Lappland
AC 2
STF-Jugendherberge, Björnbergsgården, Klippen, Tel. 0954-33010. 32 Betten. Geöffnet 13.6. - 17.8.
Sånningården, Tel. 0954-33038.
Adresse: 920 66 Hemavan.
Entfernung: Tärnaby 25 km.

Klövsjö
Jämtland
Klövsjö - Vemdalen
Katrina - Klövsjö, Tel. 0682-21331, 21160.
Adresse: 840 32 Klövsjö.
Entfernung: Vemdalen 19 km.

Kvikkjokk
Lappland
BD 10
Kvikkjokks Fjällstation, siehe S. 49.
Kvikkjokks Turistservice, Tel. 0971-21036. Kvikkjokks Minilivs (kleiner Lebensmittelladen) und Wohnwagencampingplatz, Tel. 0971-21056. Kvikkjokks Feriendorf Pella Tel. 0971-21056, 11789.
Adresse: 960 45 Kvikkjokk.
Entfernung: Jokkmokk 119 km.

Kyrktåsjö
Ångermanland
T 6/7
STF-Jugendherberge, Gamla Postgården am See Tåsjö, Tel. 0671-20004. 18 Betten, während des ganzen Jahres geöffnet. Vorbestellung notwendig 1.9. - 31.5.
Adresse: Kyrktåsjö, Pl 1525, 830 80 Hoting.
Entfernung: Östersund 160 km.

Laisaliden
Lappland
AC 2
Laisaliden Fjällhotel, Tel. 0954-21063.
Adresse: 920 64 Tärnaby.
Entfernung: Storuman 140 km.

Leksand
Dalarna
T 6
STF-Jugendherberge, Parkgården, an der Reichsstraße 70, 2 km südlich vom Zentrum, Tel. 0247-10186. 85 Betten, während des ganzen Jahres geöffnet, Vorbestellung notwendig 15.9. - 1.5.
Adresse: Box 3051, 793 00 Leksand.

Ljungdalen
Härjedalen
Z 6, 7, 8
STF-Jugendherberge, Pension Helags, Tel. 0687-20009. 17 Betten, während des ganzen Jahres geöffnet.
Hotel Flatruet, Skärkdalen, Tel. 0687-20025.
Ljungdalens Skiheim, Tel. 0687-20364.
Adresse: 840 35 Ljungdalen.
Entfernung: Östersund 190 km.

Ljusnedal
Härjedalen
Z 8
Fjäll- und Golfhotel Gyllene Bocken, Tel. 0684-21090.
Sörmons Feriendorf, Tel. 0684-21514.
Ljusnedal Freizeitdorf, Tel. 0684-21038.
Adresse: 820 96 Ljusnedal.
Entfernung: Funäsdalen 5 km.

Lofsdalen
Härjedalen
Lofsdalen
Hotel Lofsdalsgården,
Tel. 0680-41050.
Allans Turistlogi Lägergård,
Tel. 0680-41037, 41430.
Lofsdalens Fjällanlagen,
Tel. 0680-41300.
Lofsdalens Zimmervermittlung
Tel. 0680-41088. Svensk Stuguthyrning
(Schwedische Hüttenvermietung),
Tel. 0680-41269.
Adresse: 820 85 Lofsdalen.
Entfernung: Sveg 69 km.

Malung
Dalarna
STF-Jugendherberge, Vallerås,
Tel. 0280-14040. 46 Betten, während des ganzen Jahres geöffnet. Pl. 1448.
Adresse: 782 00 Malung

Marsfjäll
Lappland
23 EF
STF-Jugendherberge, siehe Saxnäs.
Lasse Larssons Feriendorf Marsliden,
Tel. 0940-11100.
Adresse: 910 88 Marsliden.
Entfernung: Vilhelmina 90 km.

Nikkaluokta
Lappland
BD 6, 8
Nikkaluokta Feriendorf,
Tel. 0980-5015.
Adresse: 991 29 Kiruna.
Entfernung: Kiruna 68 km. Kebnekaise 19 km.

Orsa
Dalarna
T 4
STF-Jugendherberge, Trunna by an der Reichsstraße 81, Tel. 0250-40515. 57 Betten, während des ganzen Jahres geöffnet, 1.9. - 30.5. nur für Gruppen und auf Vorbestellung (bei I. Eriksson, Svegsgatan 34 a, 829 00 Sveg).
STF-Jugendherberge, Grönklitt, Tel. 0250-42600. 50 Betten, während des ganzen Jahres geöffnet. Freizeitgesellschaft Orsa, Box 23.
Adresse: 794 00 Orsa.
Entfernung: Falun 100 km.

Ottsjö
Jämtland
Z 7
Hållfjällets Turiststation, Tel. 0647-34049. Ottsjö Fjällgård, Tel. 0647-34046. Ottsjö Feriendorf, Tel. 0647-34200.
Adresse: 830 10 Undersåker.
Entfernung: Undersåker 17 km.

Persåsen
Jämtland
T 5
STF-Jugendherberge Persåsen, Tel. 0643-40105. 25 Betten. Bestellung außerhalb der Saison: Tel. 0643-40141.
Adresse: 840 44 Oviken.
Entfernung: Svenstavik 18 km. Östersund 60 km.

Riksgränsen
Lappland
BD 6
Sara Hotel Riksgränsen, Tel. 0980-40080.
Adresse: 980 28 Riksgränsen.
Entfernung: Kiruna 129 km.

Rätan
Jämtland
T 5
STF-Jugendherberge »Kullen« an der Reichsstraße 81, Tel. 0682-10247. 16 Betten. Geöffnet 13.6. - 10.8. Reservierung außerhalb der Saison bei N. Örnsted, Lillgårdsvägen 4, 70375 Örebro, Tel. 019-232414.
Adresse: Pl 463, 840 30 Rätan.
Entfernung: Åsarna 25 km.

Rättvik
Dalarna
STF-Jugendherberge, Centralgatan, Tel. 0248-10566, während des ganzen Jahres geöffnet.
Adresse: 795 00 Rättvik.

Saltoluokta
Lappland
BD 8, 10
Siehe S. 49.

Saxnäs
Lappland
23 EF
STF-Jugendherberge, Saxnäsgården, Tel. 0940-70080. 52 Betten, geöffnet 7.3. - 7.5., 14.6. - 18.9.
Kultsjögården, Tel. 0940-70044. Saxnäsgården, Tel. 0940-70060. Ragnar Anderssons Feriendorf, Tel. 0940-70034.
Adresse: 910 88 Marsfjäll.
Entfernung: Vilhelmina 90 km.

Sorsele
Lappland
T 6/7
STF-Jugendherberge im Schulheim Bankgatan 21 a, Tel. 0952-10048. Reservierung außerhalb der Saison: Tel. 0952-10900, 10760. 18 Betten, geöffnet 14.6. - 9.8.
Hotel Gästis, Tel. 0952-10720.
Adresse: 920 70 Sorsele.
Entfernung: Storuman 71 km. Umeå 270 km.

Storlien
Jämtland
Z 6
STF-Jugendherberge, KFUK-KFUM's Fjällgård (CVJM,CVJF), Storvallen in der Nähe der E 75, 4 km südlich von Storlien, Tel. 0647-70050, 70051. 38 Betten, geöffnet 13.7. - 31.8.
Hotel Storlien, Tel. 0647-70151.
Storliens Högfjällshotel, Tel. 0647-70170.
Storvallens Hüttenhotel, Tel. 0647-70180.
JHF Storvallen, Tel. 0647-70058.
Adresse: 830 19 Storlien.
Entfernung: Östersund 165 km.

Storsjö Kapell
Härjedalen
Z 6, 7, 8
Storsjö Feriendorf, Tel. 0687-21122.

Adresse: 840 34 Storsjö Kapell.
Entfernung: Ljungdalen ca. 20 km.

Storulvån
Jämtland
Z 6
Siehe S. 64/65.

Storuman
Lappland
T 8
STF-Jugendherberge, Vallnäs Forstschule, Tel. 0951-11355. 60 Betten, geöffnet 20.6. - 10.8.
Adresse: Box 73, 923 00 Storuman.
Entfernung: Umeå 230 km. Tärnaby 120 km.

Strömsund
Jämtland
T 6/7
STF-Jugendherberge im Schulheim des Norrgård, Tel. 0670-10805, außerhalb der Saison Tel. 0670-11214. 68 Betten, geöffnet 16.6. - 9.8.
Adresse: Verkstadsgatan 41, 833 00 Strömsund.
Entfernung: Östersund 100 km.

Sundsvall
Medelpad
T 5
STF-Jugendherberge »Gaffelbyn«, Norra Stadsberget (»Nördl. Stadtberg«), Tel. 060-112119. 150 Betten, während des ganzen Jahres geöffnet.
Adresse: Box 430, 851 06 Sundsvall.
Entfernung: Östersund 197 km.

Sveg
Härjedalen
T 5
STF-Jugendherberge, Sveg, Tel. 0680-10338. 50 Betten, während des ganzen Jahres geöffnet. Vorbestellung notwendig 1.10. - 31.5. Byvallens Feriendorf, Tel. 0680-33068. Hotel, Restaurant Mysoxen, Tel. 0680-11260. Svegs Camping, Tel. 0680-10881.
Adresse: 829 00 Sveg.
Entfernung: Funäsdalen 145 km. Orsa 126 km. Östersund 200 km.

UNTERKUNFT **89**

Sylarna
Jämtland
Z 6
Siehe S. 64.

Sälen
Dalarna
W 2
Transtrandsfjällen
STF-Jugendherberge, Olarsängens Gasthof, Tel. 0280-21029. 46 Betten. Geöffnet 15.6. - 15.9. Im Winter Gasthof.
Kläppen, Tel. 0280-24100.
Lindvallen, Tel. 0280-26000.
Sälenstugan, Tel. 0280-21110.
Hotel Tangen, Tel. 0280-21150.
Hotel Sälfjällsgården, Tel. 0280-21017.
Högfjälls-Hüttendorf, Tel. 0280-26070.
Wirtshaus Gammelgården, Tel. 0280-21035.
Tandådalens Fjällhotel, Tel. 0280-33130.
Tandådalens Freizeitdorf, Tel. 0280-33700.
Granfjällstöten, Tel. 020-721000.
Adresse: 780 67 Sälen.
Entfernung: Malung 65 km.

Särna
Dalarna
W 2
STF-Jugendherberge, Björkhagen, Box 535, Tel. 0253-10308. 25 Betten, während des ganzen Jahres geöffnet. Reservierung notwendig 1.10. - 1.5.
STF-Jugendherberge, Turistgården, Box 185, Tel. 0253-10537. 25 Betten, während des ganzen Jahres geöffnet. Reservierung notwendig 29.9. - 15.5.
Särnagården, Tel. 0253-10800.
Tjärnvallens Feriendorf, Tel. 0253-17031. Knappgårdens Kurs- und Freizeithof, Tel. 0253-18031. Mörkrets Freiluftcenter, Tel. 0253-17014, 17026. Storfjätens Fjällgård, Tel. 0253-22039. Länsmansgården, Tel. 0253-10373.
Adresse: 790 90 Särna.
Entfernung: Mora 120 km.

Trillevallen
Jämtland
Z 7
Trillevallens Fjällhotel, Tel. 0647-36011. Björnvallens Fjällgård, Tel. 0647-36012. Bergstedts Hütten, Tel. 0647-30095.
Adresse: 830 10 Undersåker.
Entfernung: Undersåker 10 km.

Tänndalen
Härjedalen
Z 8
Hamrafjällets Hochgebirgshotel, Tel. 0684-23000. Hotel Tänndalens Fjällgård, Tel. 0684-22020. Hotel Tänninge, Tel. 0684-22000. Hotel Röstavallen, Tel. 0684-22034. Siljeströms Feriendorf, Tel. 0684-22013. Ströms Hütten, Tel. 0684-22089, 22230. Tänndalsvallens Feriendorf, Tel. 0684-22014. Åsvallens Fjällhütten, Tel. 0684-21201.
Adresse: 820 98 Tänndalen.
Entfernung: Funäsdalen 14 km.

Tännäs
Härjedalen
Z 8
Hotel Björnen, Tel. 0684-24170. Tännäsgården, Tel. 0684-24067.
Adresse: 820 94 Tännäs.
Entfernung: Funäsdalen 15 km.

Tärnaby
Lappland
AC 2
STF-Jugendherberge, Tärnaby Fjällhotel, Box 191, Tel. 0954-10420. 50 Betten, geöffnet 5.6. - 30.8.
Tärnaby Fjällhotel, Tel. 0954-10420.
Tärnaby Wärdshus, Tel. 0954-10395.
Joesjögården, Tel. 0954-32052.
Lindgrens Fjällhütten Västansjö, Tel. 0954-21020.
Tärna Feriendorf, Tel. 0954-10480.
Tärna Fjällhus, Tel. 0954-10450.
Fjällvindens Haus, Tel. 0954-10525.
Adresse: 920 64 Tärnaby.
Entfernung: Storuman 120 km. Mo i Rana 110 km.

Undersåker
Jämtland
Z 7
Fjällfaragården, Tel. 0647-303 76. Södergården, Tel. 0647-303 69. Undersåker Gasthaus, Tel. 0647-303 08. Undersåkers Feriendorf, Tel. 0647-301 98. Vällistegården, Tel. 0647-304 64.
Adresse: 830 10 Undersåker.
Entfernung: Åre 8 km. Järpen 16 km.

Vemdalen
Härjedalen
Klövsjö - Vemdalen
STF-Jugendherberge im Haus »Gästis«, mitten in der Ortschaft, Box 99, Tel. 0684-305 50, 401 68. 46 Betten, während des ganzen Jahres geöffnet, Vorbestellung notwendig 25.8. - 22.5.
Björnrike Fjällhotel, Tel. 0684-321 020.
Floda Turistgård, Tel. 0684-302 47.
Vemdals Campen Feriendorf, Tel. 0684-301 22. Vemdalsskalets Högfjällshotel, Tel. 0684-310 00. Vargen Skicenter, Vemdalsskaftet, Tel. 0684-311 00.
Karl XI Wärdshus Storhogna, Tel. 0682-230 60.
Adresse: 820 92 Vemdalen.
Entfernung: Sveg 60 km. Åsarna 45 km.

Vilhelmina
Lappland
T 6/7
STF-Jugendherberge, Tallåsvägen 34, Tel. 0940-114 50, 114 58. 65 Betten, geöffnet 20.6. - 7.8.
Hotel Wilhelmina, Tel. 0940-114 20, Telex 8485015. Vilhelmina Kyrkstad, Tel. 0940-102 10, Telex 8485015.
Adresse: 912 00 Vilhelmina.
Entfernung: Östersund 243 km. Umeå 232 km.

Vålådalen
Jämtland
Z 7
Vålådalen Turiststation, Tel. 0647-351 10. Turistgården, Tel. 0647-351 73.
Adresse: 830 12 Vålådalen.
Entfernung: Undersåker 27 km, Bus zum Bahnhof.

Ånn
Jämtland
T 6
STF-Jugendherberge, Ånn 1479, Tel. 0647-710 70. 79 Betten im Sommer, 19 Betten im Winter; während des ganzen Jahres geöffnet.
Adresse: 830 15 Duved.
Entfernung: Östersund 130 km

Åre
Jämtland
T 5
STF-Jugendherberge »Brattlandsgården«, Tel. 0647-301 38, 321 46. 69 Betten, während des ganzen Jahres geöffnet. Vorbestellung notwendig 1.9. - 30. 5.
Buustamons Fjällgård, Tel. 0647-501 75.
Hotel Diplomat, Tel. 0647-502 65.
Hotel Fjällgården, Tel. 0647-502 60.
Hotel Årevidden, Tel. 0647-321 00.
Hotel Kläppen, Tel. 0647-500 95.
Hotel Lundsgården, Tel. 0647-500 04.
Hotel Sunwing / Tott, Tel. 0647-504 30.
Wärdshuset Karolinen,
Tel. 0647-320 90.
Åregården, Tel. 0647-502 65.
Ängena Gård, Tel. 0647-500 66.
Hotel Årebjörnen, Tel. 0647-320 80.
Mitt-i-Åre, Tel. 0647-515 00.
Bellwobyn, Tel. 0647-509 65.
Årebjörnen, Tel. 0647-321 70.
Kläppen Feriendorf, Tel. 0647-500 95.
Åre Fjälldorf, Tel. 0647-504 50.
Åregårdarna, Tel. 0647-502 65.
Åreporten Hütten, Tel. 0647-502 00.
Adresse: 830 13 Åre.
Entfernung: Storlien 61 km. Östersund 105 km.

Åsarna
Jämtland
T 5
STF-Jugendherberge, Åsarna, Skizentrum, Tel. 0687-302 30. 20 Betten im Sommer; 10 Betten im Winter. Während des ganzen Jahres geöffnet.
Adresse: 840 31 Åsarna.
Entfernung: Östersund 80 km.

Älvdalen
Dalarna
T 3

STF-Jugendherberge, siehe Gåsvarv.
Hotel Älvdalen, Tel. 0251-11070.
Ribbholmens Feriendorf,
Tel. 0251-80290, 80294.
Åsens Feriendorf,
Tel. 0251-80290, 80294.
Wäsa Feriendorf,
Tel. 0251-80290, 51146.
Pension Tre Björnar, Tel. 0251-10482.
Porfyrgården, Tel. 0251-11895.
Adresse: 796 00 Älvdalen.
Entfernung: Mora 40 km.

Östersund
Jämtland
T 5 6

STF-Jugendherberge, Tingsgatan 12, Tel. 063-128561. Reservierung außerhalb der Saison Tel. 063-102343. 100 Betten, geöffnet 17.6. - 5.8.
Adresse: 831 37 Östersund.
Entfernung: Storlien 162 km. Storulvån 170 km.

STF - Jugendherbergen

STF besitzt über 280 Jugendherbergen (»vandrarhem«). Keine gleicht der anderen. Dabei kann es sich um eine kleine Jugendherberge im Schärengarten, dem Inselstreifen vor der Küste, handeln, für die man erst ein Boot bestellen muß, um überhaupt hinzugelangen. Es kann aber auch eine 200-Betten-Anlage mit niedrigen Übernachtungstarifen mitten in der Großstadt sein. Bettuch oder Jugendherbergsschlafsack (keine normalen Schlafsäcke) bringt man selbst mit, wenn man in der Jugendherberge nichts entsprechendes leihen möchte.

Mitglieder im STF / IYHF (Internationales Jugendherbergswerk) bezahlen zwischen 40 und 50 Kronen. Für Nichtmitglieder kostet eine Übernachtung 20 Kronen mehr. Außerdem gibt es Kinderrabatte.

Der niedrige Preis basiert auf dem Selbstversorgerprinzip. Das bedeutet auch, daß man die Zimmer selbst aufräumen und die Betten machen muß. Außerdem sind die Öffnungszeiten begrenzt. In den meisten Jugendherbergen steht den Selbstversorgern eine mehr oder weniger gut ausgestattete Küche kostenlos zur Verfügung.

Im Winter ist die Hälfte aller Jugendherbergen geöffnet. Daran sollte man denken, wenn man Reisen über Weihnachten und Ostern plant. Trotz des Heizkostenzuschlags von 10 Kronen pro Person und Nacht kann ein Familienaufenthalt wegen der Kindertarife besonders günstig sein.

Alle Jugendherbergen sind im »STF Vandrarhem«-Verzeichnis illustriert und ausführlich beschrieben aufgelistet. Diejenigen Jugendherbergen, die sich an Wegen ins Fjäll oder gar direkt im Fjäll befinden, sind im Verzeichnis der verschiedenen Unterkunftsmöglichkeiten in diesem Buch aufgeführt.

Sicherheit im Fjäll

Der Fjällsicherheitsrat

Der Fjällsicherheitsrat ist für das Naturschutzamt das beratende Organ in Sachen Sicherheit im Fjäll.

Der Rat besteht aus Vertretern der folgenden Organisationen: STF, Friluftsfrämjandet (Organisation zur Förderung der Freizeitaktivitäten in der Natur), Reichsverbund schwedischer Samen, Staatliches Naturschutzamt, Reichspolizeipräsidium, SMHI (Staatliches Meteorologisches und Hydrographisches Institut), Organisation Ziviler Fjällrettung (Cifro), Skisicherheitsrat sowie Vertreter der vier Fjäll-Regierungsbezirke.

Der Rat hat hauptsächlich die Aufgaben, die verschiedenen Betätigungsbereiche, die die Fjällsicherheit ausmachen, zu koordinieren, Forschung und Entwicklung innerhalb des Bereichs Fjällsicherheit zu verfolgen und zu fördern sowie für Ausbildung und Information in Sachen Fjällsicherheit zu sorgen.

Darüberhinaus gibt es im Fjäll auch lokale Sicherheitskomitees. Der Rat hat für und über seine Arbeit eigenes Informationsmaterial in Form von Broschüren, Diabildern und Filmen hergestellt.

Der Fjällrettungsdienst

In jedem Polizeidistrikt, der im Fjäll liegt, gibt es eine Fjällrettungseinheit aus Polizisten und fjällerfahrener Ortsbevölkerung. Regional wird die Tätigkeit für den Regierungsbezirk vom Bezirkspolizeipräsidium, lokal vom Leiter der Distriktpolizei verantwortet. Das Reichspolizeipräsidium ist Träger und hauptverantwortlich für Organisation, Ausbildung und Ausrüstung der 800 zur Zeit im Fjällsicherheitsdienst engagierten Personen.

Neben Patrouillen- und Lagerausrüstung stehen Radio- und Funkgeräte, Lawinenhunde, Schneeskooter und Hubschrauber als Hilfsmittel zur Verfügung.

Für den Fall, daß darüberhinaus Material oder Personal erforderlich ist, sind andere Hilfsorganisationen dem Fjällrettungsdienst angeschlossen. Nottelefone sind an vielen Stellen installiert. Mit ihnen erreicht man die Fjällrettung direkt, oder per Telefon unter der Nummer 90000 (»Fjällrettungsdienst«).

Fahrtmitteilungen

Formulare für **Färdmeddelanden** (Fahrtmitteilungen) für Tagesausflüge oder längere Touren liegen in den meisten Fjällanlagen aus. Meistens werden Fahrtmitteilungen für Tagestouren mit den Angaben zum Verlauf der geplanten Route, Anzahl der Personen etc. in den Fjällstationen und Hotels hinterlegt. Für mehrtägige Touren liegen spezielle Gästebücher auch in Rasthütten und Fjällhütten aus. Am besten sollten diejenigen, die auf eine längere Tour gehen, auch eine Mitteilung an Angehörige schicken. Eine Fahrtmitteilung erleichtert die Arbeit des Fjällrettungsdienstes erheblich, wenn jemand tatsächlich vermißt ist oder wenn Angehörige besorgt sind.

Man tut sich selbst und nicht zuletzt auch anderen einen Gefallen, wenn man eine Fahrtmitteilung hinterläßt.

Nottelefone

An den aufgelisteten Orten im Fjäll (mit Kartenangaben) befinden sich Nottelefone, um möglichst schnell Hilfe oder Rat bekommen zu können. Über sie steht man in direkter Verbindung zur Polizei bzw. der Fjällrettung. Nottelefone sind sowohl an das öffentliche Postnetz (Televerket) angeschlossen als auch an das Fjällradionetz.

Lappland

Västerbottens und Norrbottens Län

Absikojaure	BD 6
Akka	29 GH, BD 10
Aktse	BD 10
Alesjaure	BD 6
Arasluokta	BD 10
Arevattnet	AC 3
Bleriken	23 EF
Djupviken	BD 6
Hukejaure	BD 6,8
Jirejaure	
Kaddåive (Jokkmokk)	
Kaitumjaure	BD 8
Kebenkaise Fjällstation	BD 6,8
Kisuris	BD 10
Kårsavaggge	BD 6
Laisstugan	26 FG
Levik (Jokkmokk)	27 H
Låddejåkk	BD 10
Malenjarka	BD 10
Mikka	BD 10
Nallo	BD 6
Nasafjäll	26 FG
Njunjes, Pfahl 250	BD 10
Peuraure	27 H
Pieskehaure	27 G
Pålnoviken	BD 6
Pårte	BD 10
Pältsa	32 J
Ritsem	29 GH
Råstojaure	31 JK
Råvetieva, Pfahl 357	BD 5,6
Serve	AC 2
Sevuvuoma	
Siikavuopio	31 JK
Singi	BD 6,8
Sitasjaure	29 GH
Skaite	27 H
Sjangeli, Pfahl 491	BD 6
Slipsik-Hütte	23 EF
Staloluokta	BD 10
St Sjöfallet, Sjöfallsbryggan	BD 8,10
Stuor Kärpel	BD 6
Syter	AC 2
Såmmarlappa	BD 10
Sälka	BD 6
Tarreluoppal	BD 10
Teusajaure	BD 8
Tjäktja	BD 6
Tärnasjöhütte	AC 2
Unna Allakas	BD 6
Vistas	BD 6
Vitersaklet	AC 2
Vitnjulforsen, övre	
Vuoakojaure sameviste	30 J

Jämtland-Härjedalen

Jämtlands Län

Anaris	Z 7
Blåhammarens Fjällstation	Z 6
Dals-Nyvallen	Z 7
Dörrsjölokarna*	Klövsjö
Ekorrdörren	Z 6
Fältjägaren	Z 8
Getvalen*	Z 6
Gåsen	Z 6
Haases Rasthütte	Z 6
Helags	Z 6,7
Hulke Rasthütte	Z 6
Klinken	Z 8
Ljungans Rasthütte	Z 8
Lunndörren	Z 7
Lunndörrspaß Rasthütte	Z 7
Långbrottjärns Rasthütte	Z 8
Mieskentjakke Rasthütte	Z 6
Norra Sockertoppen	Z 4
Oxsjön	Klövsjö
Rensjösätern	Z 6
Rogen	Z 8, W 1
Sakristian, Nedalsjön	Z 6,8
Sielkentjakkstugan	22 E
Sjtäntja Rasthütte	Z 6
Skedbro	Z 8
Spåjme Rasthütte	Z 6
Stensdalen	Z 6
Storulvåns Fjällstation	Z 6
Svalåtjärns Rasthütte	Z 6
Sylarnas Fjällstation	Z 6
Sylarnas Rasthütte	Z 6
Södra bottens fäbod	Z 7
Ulvåtjärns Rasthütte	Z 6
Vålåvalen	Z 6,7
Åhlen-stugan	Z 6

Dalarna

Kopparbergs Län

Hävlingens fiskeläger	W 1
Görälvshyddan	W 2
Kinnvallsjösätern	W 2
Källfjället	W 2
Rösjöstugan	W 2
Skogssätern	W 2

Storbron	W 2
Storfjällsgraven	W 2
Storrödtjärn	W 1
Stor Närfjället (Korset)	W 2
Tangåns Rasthütte	W 2
Ulandstugan	W 1
Vålbrändan	W 2
Våndsjöstugorna	W 1

Fernsprecher

Kebnats, Wegegabelung	BD 8,10
Ritsem	29 GH
Vaisaluokta	29 GH
Sitojaure	BD 10

* seit 1988 installiert

Rasthütten

Eine wichtige Sicherheitseinrichtung sind die Rasthütten (rastskydd), die wanderstrategisch günstig entlang der Wege aufgestellt sind. Meistens sind sie mit Ofen oder Kamin ausgestattet. Wenn Brennstoff vorhanden ist, ist er allerdings nur für Notsituationen vorgesehen. Außerdem sind die Rasthütten nicht für Übernachtungen vorgesehen.

Es folgt ein Verzeichnis der Unterstände im Fjäll, geordnet nach Regierungsbezirken (Läns). Die meisten gehören zum staatlichen Wegesystem.

Lappland

Västerbottens, Norrbottens Län

Autsutvagge	BD 10
Am Weg Saltoluokta-Sitojaure	
Barrasjåkka	25 G
Am Weg Adolfström-Bezirksgrenze	
Håikanvagge	BD 6
Am Weg Stuor Kärpel-Håikanjåkka	
Jurun	27 G
Am Weg Mavas-Silvervägen	
Kamasjaure	30 J
Am Weg Kummavuopio-Vuoskojaure	
Kamastjärra	29 J
Am Weg Tjunajåkk-Nejtokkåbba	
Kaskasavagge	BD 6, 8
Am Weg Vistas-Tarfala	
Koltaluokta	32 J
Am Weg Treriksröset-Nilisvaara	
Kuoperjåkka	BD 6, 8
Am Weg Sälka-Singi	
Kurajaure	27 G
Am Weg Mavas-Tarraälvshyttan	
Kåppatjåkka	BD 6
Am Weg Låttatjåkka-Abisko	
Kårsajaure	BD 10
Am Weg Vaisaluokta-Kutjaure	
Laitaure	BD 10
Am Weg Aktse-Pårte	
Lomtjärn	26 FG
Am Weg Silvervägen-Guijaure	
Låkta	BD 6
Am Weg Låktatjåkka-Abisko	
Marsfjällskåtan	23 EF
Am Weg Kittelfjäll-Fatmomakke	
Mavas	27 G
Am Weg Mavas-Silvervägen	
Miesakjaure	BD 6
Am Weg Abiskojaure-Alesjaure	
Pessiskåtan*	BD 6
Am Weg Kaisepakte-Kungsleden	
Pieggaluoppal	BD 6
Am Weg Kaisepakte-Kungsleden	
Pieskehaure	27 G
Am Weg Mavas-Tarraälvshyddan	
Nottelefon	
Rautasjaure*	BD 6
Am Weg Kaisepakte-Kungsleden	
Rautojaure	29 GH
Am Weg Vaisaluokta-norwegische Grenze	
Riekkosuando	29 J
Am Weg Tiuonajåkk-Nejtokkåbba	
Rittak	BD 10
Am Weg Aktse-Pårte	
Slipsikstugan	23 EF
Am Weg Klimpfjäll-Bezirksgrenze	
Nottelefon	
Stabre	24 EF
Am Weg Syter-Solberg	
Stuor Kärpel	BD 6
Am Weg Riksgränsen-Unna Allakas	
Svine	BD 10
Am Weg Sitojaure-Aktse	
Syterttoppen	AC 2
Am Weg Syter-Viterskalet	
Teusajaure	BD 8
Am Weg Teusajaure-Vakkotavare	

Tjäktjapasset	BD 6, 8
Am Weg Alesjaure-Sälka	
Valfojåkka	BD 6
Am Weg Riksgränsen-Unna Allakas	
Valletjakke	AC 2
Am Weg Syter-Laisaliden	
Vassivagge*	BD 6
Bei Riksgränsen	
Vuoktajåkka	BD 8
Am Weg Pårraskårsa-Tjuonajåkk	
Vuomajaure	30 J
Am Weg Vuoskojaure-Järämä	
Vurvejåkkå	32 J
Am Weg Kummavuopio-Vuoskojaure	

Jämtland

Härjedalen, Jämtlands Län

Balkesbuorke	
Am Weg Sipmesjaure-Väktarmon	
Bredåsjön	Z 8
Am Weg Rogen-Bezirksgrenze	
Dörrsjön	Z 7
Am Weg Lundörren-Tossåsen	
Ekorrdörren	Z 6
Am Weg Sylarna-norwegische Grenze	
Nottelefon	
Endalen	Z 6
Am Weg Blåhammaren-norwegische Grenze	
Enkälen	Z 6
Am Weg Blåhammaren-Sylarna	
Gamla Sylarna	Z 6
Am Weg Storulvån-Sylarnas Fjällstation	
Nottelefon	
Gräslidfjället	Z 6
Am Weg Rundhögen-Blåhammaren	
Grönfjället	Z 6
Am Weg Klinken-Fjällnäs	
Gåsån	Z 6
Am Weg Storulvån-Gåsen	
Haasestugan	Z 6
Am Weg Storlien-norwegische Grenze	
Hulke	Z 6
Am Weg Gåsen-Helags	
Härjångsdalen	Z 6
Am Weg Gåsen-Vålåvalen	
Ljungan	Z 6
Am Weg Vålåvalen-Helags	
Nottelefon	

Lunndörrspasset	Z 7
Am Weg Lunndörrsstugorna-Tossåsen	
Nottelefon	
Långbrottsjön	Z 8
Am Weg Klinken-Fjällnäs	
Nottelefon	
Mieskentjakke	Z 6
Am Weg Sylarna-Helags	
Nottelefon	
Ottfjället	Z 6
Am Weg Hållfjället-Vålådalen	
Reva	Z 8
Am Weg Skedbro-norwegische Grenze	
Sielkentjakke	22 E
Am Weg Härbergsdalen-Lilla Blåsjön	
Snasahögarna	Z 6
Am Weg Enafors-Ulvåtjärnsstugan	
Sockertoppen	Z 4
Am Weg Kolåsen-Anjan	
Spåjme	Z 6
Am Weg Storulvån-Sylarna	
Sjtäntja	Z 6
Am Weg Stensdalen-Gåsen	
Stalovielle	Z 7
Am Weg Vallbo-Anaris	
Storvigeln	Z 8
Am Weg Fjällnäs-norwegische Grenze	
Strydalen	Z 4
Am Weg Kolåsen-Anjan	
Svaletjakke	Z 8
Am Weg Fältjägaren-Klinken	
Svalåtjärn	Z 8
Am Weg Bruksvallarna-Fjällnäs	
Nottelefon	
Tjärnbäcken	22 E
Am Weg Raukaselet-Ankarede	
Tvärån	Z 7
Am Weg Glen-Gräftåvallen	
Ugglan	Z 4
Am Weg Skalstugan-Storlien	
Ulvåtjärn	Z 6
Am Weg Storulvån-Blåhammaren	
Nottelefon	
Visjön	Z 7
Am Weg Höglekardalen-Glen	

Dalarna

Kopparbergs Lan

Drevfjället	W 2
Am Weg Drevdagen-Gördalen	

SICHERHEIT IM FJÄLL

Hävlingen*	W 1
Am Weg Grövelsjön-Storrödtjärn	
Kvillkojan	W 2
südlicher Sälenringen	
Källfjället	W 2
nördlicher Sälenringen	
Nottelefon	
Lekåsen	W 1
Am Weg Drevdagen-Gördalen	
Lilldalen	W 2
Am Weg Storbron-Ljörälven	
Ljörälven	W 2
Am Weg Storbron-Ljörälven	
Telefonzelle	
Mellanfjället	W 2
südlicher Sälenringen	
Mornässätern	W 2
südlicher Sälenringen	
Närfjället	W 2
nördlicher Sälenringen	
Rösjön*	W 2
Am Weg Mörkret-Gördalen	
Saldalen	W 2
nördlicher Sälenringen	
Skogssätern	W 2
südlicher Sälenringen	
Slagusjön	W 1
Am Weg Grövelsjön-Storrödtjärn	
Vålbrändan	W 2
südlicher Sälenringen	
Östfjället	W 2
nördlicher Sälenringen	

*gehört nicht zum staatlichen Wegesystem

Anreise

Öffentliche Verkehrsmittel

In diesem Verzeichnis befinden sich die Orte, die sich besonders gut als Start- oder Endpunkte einer Fjälltour eignen. Man muß unbedingt darauf achten, daß manche Orte keine täglichen Verbindungen zu den nächstgrößeren Ortschaften haben und daß der Verkehr im Winter deutlich eingeschränkt ist. Genaue Auskunft geben die regionalen Verkehrsgesellschaften »Länstrafik« (Adressen siehe unten). Für den Sommer gibt STF die Broschüre **Turisttrafik i Fjällen** heraus, die die Fahrpläne der Bus- und Bootsverbindungen zu den üblichen Zielen im Fjäll enthält.

Lappland

Länstrafiken i Norrbotten AB
Box 183
95600 Överkalix
Tel. 0926-10760

Länstrafiken i Västerbotten AB
Storgatan 36
92100 Lycksele
Tel. 0950-37055

Abisko
Zug über Kiruna. STF-Turiststation hat einen eigenen Bahnhof. Flug nach Kiruna, Bus ab Kiruna (siehe Riksgränsen).

Adolfsström
Zug bis Jörn. Schienenbus, Bus bis Arvidsjaur, Bus Arjeplog - Laisvall. Linienbus montags bis freitags bis Gauto und Adolfström. Einige Abfahrten auch an den Wochenenden im Sommer. Siehe Jäkkvik bezüglich Wochenendverkehr.

Akka (Änonjalme)
Zug oder Flugzeug bis Gällivare, Bus Gällivare - Ritsem, Boot Ritsem - Akka (Änonjalme).

Aktse
Flug von Kvikkjokk oder Stora Sjöfallet. Der Flug sollte vorbestellt werden.

Ammarnäs
»Inlandsbahn« bis Sorsele, Bus Sorsele - Ammarnäs. Oder: Zug bis Jörn, Schienenbus Jörn - Arvidsjaur - Sorsele. Februar bis Mai, Fr., Sa. Flug oder Zug bis Umeå, Bus Umeå - Lycksele - Sorsele - Ammarnäs.

Björkliden
(siehe Riksgränsen)

Blåhammaren
Siehe Storulvån, von dort 12 km Wanderung. Alternative: Storlien - Rundhögen und Wanderung von dort 8 km.

Borgafjäll
»Inlandsbahn« bis Dorotea, Bus Dorotea - Borgafjäll.

Gauto
(Siehe Adolfström)

Gällivare
Zug über Boden, Flug über Luleå.

Hemavan
»Inlandsbahn« bis Storuman. Bus Storuman - Hemavan. Montags bis samstags Zug oder Flugzeug bis Umeå, Bus über den »Blå vägen«, E79. Im Frühjahr an bestimmten Tagen sogar Direktbus von Stockholm.

Jäkkvik
Zug bis Jörn. Schienenbus bis Arvidsjaur. Bus bis Arjeplog. Umsteigen in Arjeplog nach Jäkkvik. Der Bus Arjeplog - Jäkkvik verkehrt nicht an Wochenenden. Im Sommer an den Wochenenden Busverbindung von Luleå/Boden nach Vuoggatjålme.

Kebnekaise
Zug oder Flugzeug bis Kiruna, Bus bis Nikkaluokta. Hubschrauber oder Skooter von

Nikkaluokta bis Kebnekaise. Im Sommer ist es üblich, daß man die 5,6 km von Nikkaluokta zum unteren Bootsanlager geht und dann das Boot über den See Ladtjojaure (5,2 km) nimmt. 4 - 6 Touren pro Tag von Mittsommer bis Mitte September. Anschließend 8,2 km Wanderung zur Fjällstation. Siehe auch »Verkehr im Fjäll«.

Kiruna
Zug über Boden. Flug über Luleå.

Kittelfjäll
»Inlandsbahn« bis Vilhelmina, von dort Bus zum Kittelfjäll. Februar bis Mai und im Sommer bestehen freitags und samstags Zug- und Flugverbindungen nach Umeå. Von dort Bus zum Kittelfjäll. Februar bis Mai an Samstagen auch Direktbusse mit Zuganschluß von Östersund.

Klimpfjäll
»Inlandsbahn« bis Vilhelmina, Bus Vilhelmina - Klimpfjäll.

Kvikkjokk
Zug bis Murjek, an der Bahnstrecke Boden - Gällivare. Bus von Murjek bis Kvikkjokk. Im Winter bloß 2 - 3 Touren pro Woche, im Sommer 2 Touren pro Tag. Im Sommer haben manche Busse kurzen Aufenthalt in Jokkmokk. Siehe auch »Verkehr im Fjäll«.

Merkenis
Transport auf Vorbestellung bei Erland Dahlberg, Tel. 0961-24030 und »Bodøexpressen«, Tel. 090-139260, 0960-10307, 0961-11220.

Nikkaluokta
Zug oder Flugzeug bis Kiruna, von dort Bus nach Nikkaluokta. Siehe auch Kebnekaise.

Riksgränsen
Zug über Kiruna. Flug bis Kiruna. Im Sommer und Frühjahr tägliche Busverbindungen von Kiruna. In der übrigen Zeit eingeschränkter öffentlicher Verkehr. Auskünfte über Lokalverkehr: Kiruna Trafik, Tel. 0980-14140. Siehe auch »Verkehr im Fjäll«.

Ritsem
Zug oder Flugzeug bis Gällivare, von dort Bus nach Ritsem. Ca. 15.3. - 15.9. ein bis zwei Touren täglich. Siehe auch »Verkehr im Fjäll«. In der übrigen Zeit, in der der Bus nur bis Vietas fährt, zwei Touren pro Woche, dienstags und freitags. Auskunft: Tel. 0970-10146, 12848.

Saltoluokta
Zug oder Flugzeug bis Gällivare, von dort Bus bis Kebnats (siehe Ritsem). Boot Kebnats - Saltoluokta von Mittsommer bis Anfang September. Siehe »Verkehr im Fjäll«.

Saxnäs (Marsfjäll)
Siehe Klimpfjäll.

Sitasjaure
Zug oder Flugzeug bis Gällivare. Von dort Bus bis Ritsem (siehe Ritsem), an bestimmten Tagen im Juli und August auch Bus bis Sitasjaure. Auskunft: Trafikkontor Gällivare, Tel. 0970-10146, 12848.

Staloluokta
Anfang Juli - Ende August täglich Flugverbindung ab Kvikkjokk und Stora Sjöfallet.

Sulitjelma
Zug bis Narvik, von dort Bus bis Fauske - Fagerli. 4 km Wanderung bis Sulitjelma.

Treriksröset
Zug bis Narvik, »Nordnorgebussen« bis Skibotn, Umsteigen in den Bus nach Kilpisjärvi. Alternative: Bus Kiruna - Karesuando - Kilpisjärvi. Von dort Boot über den See Ylinen. 3 km Wanderung bis Treriksröset.

Tärnaby
Siehe Hemavan.

Vaisaluokta
Siehe Akka.

Vietas
Siehe Ritsem.

Vuoggatjalme
Zug bis Jörn. Schienenbus, Bus bis Arvidsjaur. Bus bis Arjeplog. Von dort nach

Öffentliche Verkehrsmittel **99**

Vuoggatjålme nur einige Bustouren pro Woche. Auskunft: Tel. 0961-24003. Alternative: Bus von Skellefteå nach Vuoggatjålme (fährt weiter nach Bodø). Im Sommer an den Wochenenden auch Busverbindungen von Luleå und Boden. Siehe auch Jäkkvik.

Årrenjåkka
Siehe Kvikkjokk.

Jämtland

Jämtlands Trafik
Hamngatan 14
83134 Östersund
Tel. 063-117270.

Fahrplanauskünfte:
Tel. 063-132420

Ankarede
Siehe Blåsjön.

Blåhammaren
Zug über Östersund nach Enafors. Auch Flug nach Östersund. Taxi von Enafors nach Rundhögen oder Storulvån, Tel. 0647-72007, 72050. Von dort 8 km bzw. 11 km Wanderung zur Fjällstation.

Blåsjön
Zug oder Flug bis Östersund. Schienenbus oder Bus bis Strömsund. Buslinie Strömsund - Gäddede - Blåsjön. Im Sommer auch nach Ankarede. Im Winter Direktbus von Stockholm und Östersund. Bestellung, Tel. 063-127860.

Bydalen
Zug oder Flug nach Östersund. Tägliche Busverbindung von Östersund 18.12. - 24.4. und 11.6. - 14.8. Tel. 0643-30014.

Gäddede
Zug oder Flug nach Östersund. Schienenbus oder Bus nach Srömsund. Bus nach Gäddede.

Höglekardalen
Siehe Bydalen.

Jormlien
Zug oder Flug nach Östersund. Schienenbus oder Bus nach Strömsund. Bus Strömsund - Gäddede - Blåsjön. Anschluß mit PKW von Jormvattnet nach Jormlien, Tel. 0672-20153. Zusätzliche Verbindungen von Gäddede möglich, Tel. 0672-10078.

Jormvattnet
Siehe Gäddede. Von dort Bus nach Jormvattent.

Kolåsen
Zug nach Järpen über Östersund. Auch Flug nach Östersund. Bus von Järpen nach Kolåsen. Auskunft: Jämtlands Trafik, Tel. 063-117270.

Storlien
Zug über Östersund. Auch Flug bis Östersund.

Storulvån
Zug über Östersund nach Enafors. Auch Flug bis Östersund. Taxi Enafors - Storulvån, Tel. 0647-72007, 72050. Siehe auch »Verkehr im Fjäll«.

Sylarna
Siehe Storulvån. Von dort 16 km Wanderung bis Sylarna.

Vålådalen
Zug über Östersund nach Undersåker. Auch Flug bis Östersund. Tägliche Busverbindungen Undersåker - Vålådalen. Eingeschränkter Fahrplan in der Nebensaison. Auskunft: Tel. 0647-10547, SJ (Schwed. Staatsbahn) Järpen.

Åkersjön
Zug oder Flug nach Östersund. Bus über Föllinge nach Åkersjön/Bakvattnet. Auskunft: Tel. 063-103330, Postens Diligenstrafik.

Åre
Zug über Östersund. Auch Flug bis Östersund. Bus nach Åre. Flugverbindung Östersund - Åre in der Zeit 30.1. - 23.4. an Samstagen, Tel. 063-117270, Jämtlands Trafik.

Östersund
Zug. Flug.

Härjedalen

Zu allen unten aufgeführten Orten, außer Ljungdalen, kann man auch über Sveg - Funäsdalen gelangen. Nach Sveg kommt man entweder mit dem Schienenbus von Mora oder Östersund oder mit dem Bus von Ljusdal. Auskunft erteilt:

Jämtlands Trafik
Hamngatan 14
831 34 Östersund
Tel. 063-117 270

Bruksvallarna
Siehe Ramundberget.

Fjällnäs
Zug oder Flugzeug bis Östersund. Schienenbus oder Bus bis Åsarna. Bus bis Funäsdalen. Umsteigen in den Bus nach Fjällnäs. Auch Busverbindung Ljusdal - Sveg - Funäsdalen. Wochenendbus von Stockholm. Auskunft: SJ-Bus, Funäsdalen,
Tel. 0684-210 62.

Funäsdalen
Siehe Fjällnäs. Außerdem Bus von Ånge über Vemdalen. Auskunft SJ-Bus:
Tel. 0684-210 62.

Ljungdalen
Zug oder Flugzeug bis Östersund. Schienebus oder Bus nach Åsarna. Von dort Bus nach Ljungdalen. Auskunft und Fahrplanhinweise: SJ-Bus Sveg, Tel. 0680-103 00.

Ramundberget
Siehe Fjällnäs. Umsteigen in Funäsdalen in den Bus nach Ramundberget. Wochenendbus von Stockholm. Auskunft: SJ-Bus Funäsdalen, Tel. 0684-210 62.

Tänndalen
Siehe Fjällnäs.

Vemdalen
Zug oder Flug bis Östersund. Schienenbus oder Bus bis Åsarna. Bus nach Vem.

Von dort Bus nach Vemdalen. Wochenendbus von Stockholm. Auskunft: SJ-Bus Sveg, Tel. 0680-103 00.

Dalarna

Dalatrafik
Box 254
771 01 Ludvika
Tel. 0240-804 00

Grövelsjön
Idre
Zug oder Flug bis Mora. Von dort Bus nach Grövelsjön. Dalatrafik.

Sälen
Zug über Borlänge bis Malung. Von dort Bus nach Sälen. Alternative: Zug oder Flug bis Mora, Bus nach Sälen. Wochenendbusse von Stockholm und Malmö/Göteborg.

Nordnorwegen

Bodø - Narvik,
Bodø - Fauske - Fagerli (Sulitjelma)
Busgesellschaft Saltens Bilruter A/S
Tel. N-(0)81-250 25

Narvik - Tromsø
Busgesellschaft Ofotens Bilruter A/S
Tel. N-(0)82-415 50
Busgesellschaft Troms Innland Rutebil
Tel. N-(0)89-404 33

Nordfinnland

Karesuando - Kilpisjärvi
Busgesellschaft Lapin Linjat OY
Tel. SF-(9)60-221 60, 217 27

Mit dem Auto

Schweden ist ein langes Land. Die Entfernung zwischen Malmö und Kiruna beträgt 1.810 km, genausoviel wie von Malmö nach Barcelona oder Rom.
Von Göteborg bis Kiruna sind es 1.610 km, von Stockholm 1.290 km. Die Straßen ermöglichen aber ein schnelles Fortkommen, besonders in Nordschweden, wo die Höchstgeschwindigkeit oft 110 km/h beträgt. Es gibt keine Stellen mit starker Steigung, und alle Reichsstraßen erster und zweiter Ordnung (Riksvägar und Länsvägar) können mit Wohnwagengespannen befahren werden.

Stockholm - Kiruna - Narvik

Der schnellste, beste Weg von Stockholm nach Kiruna führt über die E4 bis Töre und über die Str. 98 bis Kiruna (1.290 km).
Eine abwechslungsreichere Variante führt über Enköping - Borlänge - Mora - Sveg - Östersund - Strömsund - Vilhelmina - Arvidsjaur - Gällivare - Kiruna (1.470 km).
Von Kiruna sind es 68 km bis Nikkaluokta, dem Startpunkt eines Wanderweges zum Kebnekaise.
Der sog. »Nordkalottvägen«, eine ungemein schöne Route am See Torneträsk entlang, führt zu den für schwedische Verhältnisse großen Tourismuszentren bei Abisko, Björkliden und Riksgränsen. Von Kiruna bis Abisko beträgt die Entfernung 93 km, bis Riksgränsen 132 km und bis Narvik 178 km.

Gällivare - Vietas - Ritsem
»Sjöfallsweg«

Gällivare - Vietas 132 km, Gällivare - Ritsem 183 km, Porjus - Vietas 93 km. Gut ausgebaute und schöne Straße.
Bei Kebnats befindet sich ein Anleger, von dem die Boote zur Saltoluokta Fjällstation übersetzen (10 min.). Öffentliche Straße bis Ritsem. Zwischen Vietas und Suorva müssen jedoch bestimmte Passierzeiten beachtet werden. Der Weg Ritsem - Sitas ist für die Allgemeinheit geöffnet. Im Sommer Busverbindungen. Auskunft erteilt das Gällivare Turistbyrå, Tel. 0970-18000.

Jokkmokk - Kvikkjokk

Größtenteils sehr gut ausgebaute Straße zum Kirchdorf Kvikkjokk und zur STF-Fjällstation, 122 km.

Skellefteå - Bodø
»Silvervägen«

Der sog. »Silverweg«, die Str. 95 von Skellefteå über Arvidsjaur und Arjeplog, führt über die norwegische Grenze nach Bodø. Gute Straße mit schönen Aussichtspunkten auf der ganzen Strecke. Gewaltige Gebirgsmassive in der Nähe der Grenze. In Norwegen durch das wilde Tal Junkerdalen bis Hestbrinken an der E6 nördlich des Saltfjell.

Umeå - Ammarnäs
»Forsarnas Väg«

Immer am Fluß Vindelälv entlang von Umeå über Vindeln und Sorsele bis Ammarnäs, 350 km. Guter Straßenzustand.

Umeå - Storuman - Mo i Rana
»Blå Vägen«

Die E79 von Umeå bis Mo i Rana in Norwegen befindet sich in gutem Zustand. Schöne Gebirgsstrecken an Tärnaby und Gräsvattnet vorbei mit den Gipfeln der Okstindane als effektvolle Kulisse im Süden. Die Entfernung von Storuman zur Grenze beträgt 204 km.

Örnsköldsvik - Mosjøen
»Sagavägen«

Die Straße 91 von Örnsköldsvik nach Åsele und die Straßen 90 und 88 von Åsele nach Vilhelmina. Weiter über Dikanäs und Hattfjäll bis Mosjøen und Sandnessjøen an der norwegischen Küste. Gleich hinter Vilhelmina werden die Gebirge in der Ferne sichtbar. Wald bis Dikanäs. Zwischendurch immer wieder kilometerweite Ausblicke. Gut ausgebaute, manchmal schmale Straße. Von Dikanäs 27 km zum schönen Kittelfjäll-Gebiet. Recht schlechter Weg über die Hochebenen und hinab in den Wald bei Hattfjell. Kittelfjell - Hattfjelldal 114 km.

Umeå - Borgafjäll
»Vägen Sju Älvar«

»Weg der 7 Flüsse« wird die Straße von Umeå über Åsele nach Borga, mitten im Gebirge, genannt.

Vilhelmina - Stekenjåkk - Strömsund
»Stekenjåkkvägen«

Von Stalon zum Klimpfjäll ist die Straße mittelmäßig. Ein Abstecher zum samischen Kirchdorf Fatmomakke ist sehr zu empfehlen. Der Streckenabschnitt zwischen Klimpfjäll und den Gruben von Stekenjåkk ist sehr gut ausgebaut. Bis Mittsommer muß mit Schneegestöber gerechnet werden. Es dauert dann jedoch nicht lange, durch den Frühling bei Stora Blåsjön zum Sommer bei Gäddede zu fahren. Gut ausgebauter Weg bis Strömsund. Vilhelmina - Stekenjåkk - Gäddede - Östersund 480 km.

Von Stora Blåsjön führt ein Schotterweg über die Grenze, dessen Zustand auf dem Weg bis Namsskogen an der E 6 besser wird.

Stockholm - Storlien

745 km über Sundsvall, 810 km über Mora, 725 km über Ljusdal. Letztere Variante bedeutet zwar einige schlechte Streckenabschnitte, aber auch sehr schöne Landschaft. Zum Weg über Mora, siehe oben. Von Sveg schöne Gebirgsstraße über Vemdalen und Klövsjöfjällen nach Östersund.

Von Enafors öffentlicher Weg bis Handöl. Die einspurige Straße von Handöl nach Storulvån wird befahrbar gehalten, solange die Schneeverhältnisse es zulassen. Die Straße wird ausdrücklich auf eigenes Risiko befahren.

Stockholm - Funäsdalen

530 km über Mora und Sveg. 545 km über Gävle und Bollnäs. Die Str. 84 ist schnell und bietet schöne Ausblicke aufs Gebirge. Das Härjedalsfjäll zeichnet sich durch seine große Zahl an Straßen aus, die es leicht zugänglich machen.

Stockholm - Grövelsjön

Über Mora 510 km. Diese Strecke ist problemlos an einem Tag zu bewältigen. Von Idre führt die höchstgelegene Straße Schwedens auf fast 1.000 m ü.d.M., auf das Nipfjäll.

Göteborg - Dalafjäll

Von Göteborg fährt man über die Str. 45 nach Karlstad; dann Str. 234 durch Fryksdalen oder Str. 62 durch das Klarälvsdal bis Stöllet. Von Göteborg sind es 358 km bzw. 382 km.

Von Stöllet kann man entweder durch Norwegen nach Grövelsjön gelangen: an Trysil vorbei bis Femundsenden über eine (bis auf das letzte Stück) gute Straße und über Nebenstraßen bis Grövelsjön. Stöllet - Grövelsjön 231 km. Von Stöllet über Malung bis Grövelsjön 251 km.

Von Stöllet bis Mora sind es 116 km. Der schnellste Weg von Göteborg nach Mora führt über Filipstad und Vansbro und ist 482 km lang. Größtenteils ist diese Strecke gut ausgebaut.

Von Göteborg zur E 4 nach Norden kann man gut über Mora und Bollnäs fahren. Göteborg - Sundsvall 794 km. Alternative über Västerås und Sala 747 km.

Autozug

Seit 1988 fährt einmal in der Woche ein Autozug von Malmö nach Kiruna und zurück; außerdem verkehren Autozüge im selben Takt auf den Strecken Malmö - Luleå, Göteborg - Kiruna, Göteborg - Luleå, Västerås - Kiruna und Västerås - Luleå. Autotransportwaggons, Schlafwagen, Liegewagen, Restaurant- und Klubwagen gehören zum Zug. Die Reisebüros können genauere Auskunft erteilen.

Verkehr im Fjäll

Man sollte sich immer vergewissern, daß die Verkehrsmittel, die man zu benutzen gedenkt - Zug, Bus, Flugzeug oder Boot - auch an genau dem Tag wie geplant fahren! Im Frühjahr gibt STF den Fahrplan **Turisttrafik i fjällen** heraus, der alle im Sommer geltenden Abfahrts- und Ankunftszeiten für Züge, Busse und Boote ins und im Fjäll enthält. Dieser Fahrplan liegt in allen Fremdenverkehrsämtern und Touristbüros in den Gebirgsregionen aus. Gegen Rückporto kann er auch bei STF in Stockholm angefordert werden.

Bootsverkehr

STF-Boote

Kebnats - Saltoluokta - Stora Sjöfallet
MF Langas verkehrt mehrmals täglich zwischen Kebnats und Saltoluokta. 73 Passagiere. Ca. 13.6. - 11.9. In der übrigen Zeit Boottransfer durch Hjalmar Öberg, Tel. 0973-41015.

Ritsem - Akka - Vaisaluokta
MF Storlule 1 - 2 mal über den See Akkajaure von Ritsem nach Akka (Änonjalme) und Vaisaluokta. 73 Passagiere. Ca. 27.6. - 11.9. Die Eisverhältnisse können den Saisonbeginn jedoch verschieben. Auskunft erteilt Saltoluokta Fjällstation, Tel. 0970-41010 ab 18.6.
Von Anfang Juli bis Anfang September verkehrt zweimal täglich ein Bus zwischen Gällivare und Ritsem über Kebnats.

Sonstige Boote

Torneträsk
Auf dem Westteil des Sees verkehren regelmäßig Boote von Abisko nach Björkliden, Tornehamn, Pålnoviken und Jieprenjåkk. Auskunft: Tel. 0980-40146.

Auf dem Ostteil kann man private Überfahrten erhalten, Tel. 0980-60024.

Kebnekaise - Ladtjojaure
Auf dem See Ladtjojaure (5 km) finden von Mittsommer bis Mitte September 4-6 Überfahrten täglich statt.

Sitojaure
In der Hauptsaison gibt es auf dem See Sitojaure (am Kungsleden) teils Überfahrten vom Nordufer ans Südufer, teils von der STF-Hütte zum Westende des Sees an der Grenze des Sarek Nationalparks.

Laitaure
Auf dem See Laitaure bei Aktse werden Überfahrten zwischen Nord- und Südufer angeboten, außerdem Touren ins Delta und ans Ostufer.

Kvikkjokk - Bobäcken
Von Kvikkjokk Bootsverkehr nach Bobäcken am Padjelantaweg. Auskunft: Tel. 0971-21012, 21033.

Mavasjaure
Bootsverkehr auf dem Mavasjaure durch Roald Evenström, Tel. 0961-45234.

Tjeggelvas
Bootsverkehr auf dem Tjeggelvas, am Kungsleden, durch Sven Rankvist, Örnvik, Tel. 0961-45020.

Riebnejaure
Bootsverkehr auf dem See Riebnejaure, am Kungsleden, durch Tage Johansson, Vuonatjviken, Tel. 0961-43915.

Hornavan
Bootsverkehr auf dem See Hornavan am Kungsleden durch John Westerlund, Jäkkvik, Tel. 0961-21911.

Iraft
Bootsverkehr auf dem See Iraft, am Kungsleden, durch Arnold Sundström, Adolfström, Tel. 0961-23038, 23018, sowie Jan Thorve, Adolfström, Tel. 0961-23041.

Tjulträsket
Bootsverkehr auf dem Lill- und Stor-Tjulträsket, Kungsleden zwischen Ammarnäs und Tärnasjöstugan, Tel. 0952-601 04.

Grövelsjön
Regelmäßiger Verkehr zum norwegischen Hof Sylen. Tel. 0253-291 70 und Mobiltel. 010-52 39 54.

Kilpisjärvi in Finnland - Treriksröset
Bootsverkehr zwischen Kilpisjärvi Vandrarcentrum und Koltaluokta, Tel. 0980-202 12 oder SF-(9)696 777 71.

Essandsjøen und Nesjøen in Norwegen
(Nähe Jämtlandsfjäll) Bootsverkehr zwischen der norwegischen Fjällstation Storerikvollen und und Nedalen.
Tel. N-(0)7-51 00 61.

Femunden in Norwegen
(Nähe Långfjället, Fjällnäs) M/S Fæmund II verkehrt auf dem Femundsee mit der Route Søndervika - Elgå - Femundsenden (weitere Stops).
Im Sommer eine Tour täglich, sonst dreimal/Woche. Tel. N-(0)74-13 714.

Flugverkehr
Von Stockholm aus kann man die Fjällregionen mit Linienflügen erreichen. Täglich gibt es Verbindungen mit Östersund, Kiruna und Gällivare.
Im Fjäll selbst gibt es kleine Fluggesellschaften, die teils Flüge zu festen Zeiten und Preisen anbieten, teils aber auch Flüge auf Bestellung unternehmen.

Aerokontakt AB
Tel. 0952-600, 601 00
Tel. 08-28 22 33. Leichte, einmotorige Flugzeuge. Vindelfjäll.

Fiskflyg AB
Tel. 0973-102 45, 400 32
(Tel. 0911-125 80, Werkstatt in Piteå)
Leichte, einmotorige Flugzeuge und Hubschrauber. Jokkmokks- und Gällivarefjäll.

Fjällflygarna i Arjeplog AB
Tel. 0961-230 40. Leichte, einmotorige Flugzeuge und Hubschrauber. Arjeplogsfjäll.

Fjällfrakt i Arjeplog AB
Tel. 0961-107 15. Leichte, einmotorige Flugzeuge und Hubschrauber. Arjeplogsfjäll.

Flygtjänst AB
Tel. 0940-710 51, 710 68. Leichte, einmotorige Flugzeuge und Hubschrauber. Nordjämtland, Südvästerbotten (Südl. Lapplandsfjäll).

Heli AB
Tel. 0980-830 55. Leichte, einmotorige Flugzeuge. Kirunagebiet.

Jämtlands Aero AB
Tel. 063-108 370. Hubschrauber. Jämtlandsfjäll.

Jämtlands Flyg och Fiske AB
Tel. 063-103 670. Leichte, einmotorige Flugzeuge. Jämtlandsfjäll.

Lapplandsflyg i Kiruna AB
Tel. 0980-510 30. Leichte, einmotorige Flugzeuge und Hubschrauber. Kirunafjäll.

Lapplandsflyg/Lap Air AB
Tel. 0971-210 40, 0954-102 00. Leichte, einmotorige Flugzeuge und Hubschrauber. Jokkmokks- und Gällivarefjäll. Vindelfjäll.

Nordvästflyg AB
Tel. 0250-419 72. Leichte, einmotorige Flugzeuge. Grövelsjöfjäll.

Norrlandsflyg AB
Tel. 0970-125 08, 0973-400 48. Leichte, einmotorige Flugzeuge und Hubschrauber. Jokkmokks- und Gällivarefjäll.

Turistflyg i Strömsund, Firma
Tel. 0670-300 50. Leichte, einmotorige Flugzeuge. Frostviksfjällen.

Geografischer Sprachführer

Samisch - Deutsch

ape	großes Moor
jauras(j) -tj	kleiner See, Teich
jaure	See
jiegge, jägge	(kleines) Moor
jåkka, -å	Bach, Fluß
kaise	Bergwand, steiler Berg
kiebne	Kessel
kuoika	Schnelle, Wasserfall
kåbba, -å	Hügel
kårsa, -å	schmales Tal, Schlucht
kårtje	Wasserfall
lako	Gebirgsplateau
luokta	Bucht
luoppal	Teich, natürlich aufgestauter Wasserlauf
luspe	Ausfluß (aus einem See)
njarka	Nase, Landspitze
njira	steiniges Bachbett, Gebirgsbach
njunnje	Nase, Bergspitze, Ausläufer
pakte	steiler Berg, Felswand
rieppe	Vorsprung, Felsnische
saiva	heiliger See, Nebensee
savo(i), savon	natürlich aufgestauter Wasserlauf, Teich
suolo(i)	Insel
tjåkka, -å	Gipfel, hoher Berg
tjålme	Sund
tjårro	Bergrücken, Krone
tjärrå	niedriges Gebirge, das kaum über die Baumgrenze hinausragt
vagge	(großes) Tal
varas(j)	kleiner Berg
vare	Berg
varto	niedriger Berg, Aussichtsberg
åive	Kopf, Kogel, runder Berg
ätno, ädno	Fluß
alep, alle-kaske-	(nord-)westlich mittel-
lulep, lulle-	(süd-)östlich
nuorta	nord-(östlich), nördlich
padje-, pajep	ober, über
stuor-	groß
unna	klein
utsa, uttja	klein
vuolep, vuolle-	nieder-, unter
årje, årjatj-	süd-(westlich)

Schwedisch - Deutsch

bäck	Bach
brant	Abhang, Felswand
dal (-gång)	Tal
damm	Deich
fjäll	Berg (wird nur für Berge in Skandinavien benutzt)
flod	Fluß, Strom
fors	Wasserfall, Stromschnelle
holm(e)	Insel
högfjäll	Hochgebirge
jökel	Gletscher
kalfjäll	Gebirge oberhalb der Baumgrenze
kittel	Kessel
klippbrant	Felswand
krön	Krone
kulle	Hügel
lågfjäll	niedrigeres Gebirge, meist unterhalb der Baumgrenze
mynning	Mündung
myr	Feuchtgebiet, Moor
näs(a)	Nase, Landspitze
odlingsgräns	Grenze zwischen den der Rentierzucht vorbehaltenen Gebirgsregionen und den land- und forstwirtschaftlich genutzten Zonen.
platå	Plateau, Ebene
ravin	Schlucht, Kamm
sel	natürlich aufgestauter Wasserlauf, Teich
sjö	See
sund	Sund
tjärn	kleiner See, Teich
topp	Gipfel
udde	Landspitze
utflöde	Ausfluß
vatten	Wasser, Gewässer, See
vattenfall	Wasserfall
vik	Bucht
vägg	(Fels-)Wand
å	Fluß
älv	Fluß, Strom
ö	Insel

brant	steil
bred	breit
hög	hoch
kort	kurz
liten, lill	klein
låg	niedrig, flach
lång	lang
mellan, mitt	mittel, zwischen
nedre, neder	unter-
nord, norr	nördlich
östra	östlich
över, övre	ober, oberhalb
smal	schmal, eng
stor	groß
södra, syd	südlich
västra	westlich

Häufige Suffixe für Bergformen:

- berget
- fjället
- hammaren
- höjden
- kläppen
- skaftet
- stöten
- vallen
- vålen

Quartierregister

Schweden

Abisko 35, 36
Abiskojaure 37
Aigert 56
Aivak 57
Akka 50
Aktse 50
Alesjaure 37
Ammarnäs 82
Anaris 65
Anjan 82
Arasluokta 50
Arevattnet 76
Arådalen 67, 82

Biellojaure 57
Björkliden 82
Björkudden 82
Björkvattnet 82
Björnholmsstugan 76
Bleriken 75
Blåhammaren 64, 65
Blåsjön 82
Bollnäs 82
Borgafjäll 83
Borlänge 83
Bruksvallarna 83
Bydalen 83

Dalavardo 57
Dikanäs 83
Dorotea 83
Duved 83

Edsåsdalen 83
Enafors 83

Falun 84
Fjällnäs 84
Forsavan 57
Funäsdalen 84
Furudal 84
Fältjägaren 71

Gauto 84
Glen 67
Gräftavållen 84
Grönfjäll 84
Grövelsjön 71, 72, 84

Gåsen 65
Gåsvarv (Älvdalen) 84
Gäddede 84
Gällivare 85
Gävle 85

Handöl 85
Harrsjöstugan 76
Hede 85
Helags 72
Hemavan 85
Hosjöbottnarna 73
Hukejaure 37
Huså 85
Håvra 85
Häggsjönäs 85
Hävlingstugorna 73
Höglekardalen 85

Idre 86

Jieprenjåkk 37
Jokkmokk 86
Jormlien 86
Jukkasjärvi 86
Jäkkvik 86

Kaitumjaure 37
Kall 86
Karesuando 86
Katterjaure 41
Kebnekaise 36, 38
Kebnekaise (Gipfel) 38
Keinovuopio 76
Kieron 38
Kiruna 86
Kisuris 50
Kittelfjäll 87
Klinken 72
Klimpfjäll 87
Klippen 87
Klövsjö 87
Kummavuopio 76
Kutjaure 50
Kvikkjokk 49, 51, 87
Kyrktåsjö 87
Kårsavagge 38

Laisaliden 87
Laisastugan 76
Leksand 87
Lillviken 76
Lisas stuga 41
Ljungdalen 87
Ljusliden 76
Ljusnedal 87
Lofsdalen 88
Lunndörren 66
Låddejåkk 51
Låktatjåkkostugan 41

Malung 88

Marsfjäll	88
Marsfjällskåtan	75
Mavas	76
Mårma	38
Naimakka	77
Nallo	39
Nikkaluokta	88
Njunjes	51
Nulltjärnsgården	67
Orsa	88
Ottsjö	88
Pallenvagge	39
Persåsen	88
Pålnoviken	39
Pårte	51
Pältsa	75
Rautasjaure	39
Riksgränsen	88
Ritsem	51
Rogen	72
Rätan	88
Rättvik	88
Rösjöstugan	77
Saarikoski	77
Saltoluokta	49, 51
Sandviken	77
Saxnäs	89
Servejokk	56
Sielkentjakk	77
Singi	39
Sitasjaure	39
Sitojaure	52
Sjöfallsstugan	52
Skedbro	72
Skidbäcksstugan	57
Snurijåkk	39
Sorsele	89
Staddajåkk	52
Staloluokta	52
Stalovielle	66
Stensdalen	66
Storlien	89
Storrödtjärn	72
Storsjö Kapell	89
Storulvån	64, 66
Storuman	89
Strömsund	89
Sundsvall	89
Sveg	89
Sylarna	64, 66
Syter	57
Såmmarlappa	52
Såråsjaure	52
Sädvaluspen	77
Sälen	90
Sälka	40

Särna	90
Tangsjö	75, 77
Tangåsstugan	77
Tarfala	40
Tarraluoppal	53
Tarraälvshyddan	53
Tarrekaise	53
Teusajaure	40
Tjunajokk	42
Tjåkkele	77
Tjäktja	40
Trillevallen	90
Tsielekjåkk	53
Tuottar	53
Tänndalen	90
Tännäs	90
Tärnaby	90
Tärnasjö	57
Undersåker	91
Unna Allakas	40
Unna Räitavagge	41
Vaisaluokta	53
Vakkotavare	41
Varvekstugan	54
Vemdalen	91
Vigelstugan	73
Vilhelmina	91
Vistas	41
Viterskalet	57
Vuonatjviken	77
Vålådalen	91
Vålåvalen	66
Västerfjäll	77
Ånn	91
Åre	91
Åsarna	91
Åtnik	78
Älvdalen	92
Östersund	92

Norwegen

Argaladhytta	78
Balvasshytta	78
Cainhavaggehyttene	42
Cunojavrrestua	42
Dividalshytta	78
Dærtahytta	78
Gappohytta	78
Gaskashytta	78
Gautelisstuene	42
Græslihytta	79
Gåldahytta	79

Hundalsstuene 42
Kiölihytta 79
Kvilebua 79
Kvitsteindalshyttene 57
Langen 79
Lappjordhytta 42
Ljøsnåvollen 73
Losistuene 43
Lønsstua 79
Marenvollen 73
Muorkihytta 54
Nealen 67
Nordpå 79
Ny - Sulitjelma 54
Oallavagge 43
Ramsjøhytta 79
Rostahytta 80
Sauvasshytta 57
Schultzhytta 80
Sitashyttene 43
Sorjushytta 54

Stordalstua 43
Storerikvollen 67
Svukuriset 73
Sylen 73
Tjorvihytta 80
Trygvebu 80
Valdal gård 73
Vauldalen 73
Virvashytta 57
Vuomahytta 80

Finnland

Aatsa 81
Ailakkajärvi 81
Kilpisjärvi 81
Kuokimasjön 81
Purastshohka 81
Ropi 81
Terbmisjärvi 81

VERLAGSPROGRAMM

NORDIS Reiseführerverlag - ein Jahrzehnt Skandinavienerfahrung auf dem Buchmarkt. Bewährte Systematik und Exaktheit im Detail sind die Grundprinzipien auch der neuen Reiseführergeneration. In komprimierter Form präsentieren die **Autoreiseführer** *die interessantesten Routen und Orte eines ganzen Landes, während die* **Reisehandbücher** *darüberhinaus umfassende praktische Tips zu Unterbringung, Verkehrsmitteln, Aktivitäten usw. in den jeweiligen Landesteilen geben. Kanuten, Wanderer, Angler, Skifahrer und andere »Freiluftmenschen« finden in den* **Aktivführern** *Anregung und Planungshilfe.*

Autoreiseführer:
Skandinavien
Dänemark
Norwegen
Schweden
Finnland

Reisehandbücher:
Jütland
Fünen
Seeland und Kopenhagen
Färöer
Westnorwegen
Ostnorwegen
Mittel- und Nordnorwegen
Südschweden *
Mittelschweden
Nordschweden
Küstenfinnland und Åland *
Seen- und Waldfinnland *
Nordfinnland
Nordkalotte

Aktivführer:
Wandern in Grönland *
Gebirgswandern in Südnorwegen
Gebirgswandern in Schweden
Kungsleden
Kanuwandern in Norwegen *
Kanuwandern in Südschweden
Kanuwandern in Nordschweden
Kanuwandern in Südfinnland
Kanuwandern in Nordfinnland
Wintersport in Norwegen
Wintersport in Schweden

NORDIS
Reiseführerverlag
Christophstr. 18-20
D-4300 Essen 1
Tel. 0201 / 79 60 97

* *Bücher in Vorbereitung*